横浜商科大学高等学校

〈収録内容〉

2024年度 ……………………………………一般（数・英・国）

2023年度 ……………………………………一般（数・英・国）

2022年度 ……………………………………一般（数・英・国）

2021年度 ……………………………………一般（数・英・国）

2020年度 ……………………………………一般（数・英・国）

※入試要項・学校説明会などの最新情報は、学校ホ　　ページをご覧下さい。

便利なDLコンテンツは右のQRコードから

解答用紙

⇒

※データのダウンロードは2025年3月末日まで。
※データへのアクセスには、右記のパスワードの入力が必要となります。 ⇒ 780763

〈合格最低点〉

※学校からの合格最低点の発表はありません。

本書の特長

実戦力がつく入試過去問題集

- ▶ 問題 …………… 実際の入試問題を見やすく再編集。
- ▶ 解答用紙 …… 実戦対応仕様で収録。
- ▶ 解答解説 …… 詳しくわかりやすい解説には、難易度の目安がわかる「基本・重要・やや難」の分類マークつき（下記参照）。各科末尾には合格へと導く「ワンポイントアドバイス」を配置。採点に便利な配点つき。

入試に役立つ分類マーク

基本 確実な得点源！
受験生の 90％以上が正解できるような基礎的、かつ平易な問題。
何度もくり返して学習し、ケアレスミスも防げるようにしておこう。

重要 受験生なら何としても正解したい！
入試では典型的な問題で、長年にわたり、多くの学校でよく出題される問題。
各単元の内容理解を深めるのにも役立てよう。

やや難 これが解ければ合格に近づく！
受験生にとっては、かなり手ごたえのある問題。
合格者の正解率が低い場合もあるので、あきらめずにじっくりと取り組んでみよう。

合格への対策、実力錬成のための内容が充実

- ▶ 各科目の出題傾向の分析、合否を分けた問題の確認で、入試対策を強化！
- ▶ その他、学校紹介、過去問の効果的な使い方など、学習意欲を高める要素が満載！

解答用紙ダウンロード 解答用紙はプリントアウトしてご利用いただけます。弊社ＨＰの商品詳細ページよりダウンロードしてください。トビラのＱＲコードからアクセス可。

UD FONT 見やすく読みまちがえにくいユニバーサルデザインフォントを採用しています。

横浜商科大学高等学校

普通科　商業科
生徒数　1103名
〒241-0005
神奈川県横浜市旭区白根7-1-1
☎045-951-2246
相鉄線西谷駅・鶴ケ峰駅　各徒歩17分
横浜駅・鴨居駅・西谷駅・鶴ヶ峰駅
各バス

夢実現のための充実したサポート
優れた教育環境と施設

URL	http://www.shodai-h.ed.jp

プロフィール　社会性と信頼性に優れた人格の育成

1941(昭和16)年開校。「安んじて事を託さるる人となれ」を校訓に、基本的な生活習慣を身につけた、信頼される人物の育成を目標に、学習環境を整え、健全な心身と豊かな情操を育んでいる。

環境　耐震性を備えた安心・安全な校舎

横浜市郊外の閑静な高台に、6万㎡を超える緑豊かなキャンパスが広がる。全館耐震設計を施され、冷暖房・エレベーター・シャワートイレを完備。また、生徒の憩いの場として学生ホール(売店・自販機設置)、食堂などがある。設置されたディスプレイでの情報配信や無線LAN環境など、快適な学校生活を送るための設備も充実している。

運動施設として、人工芝の総合グラウンドと球技グラウンドが敷地内にあるほか、冷暖房と雨天ランニングコースを備えた体育館、武道館、弓道場、4面のテニスコート、授業や部活動で使用できるトレーニングルームがある。

建築賞を受賞した図書館実習棟では、木の内装を施した図書閲覧室や自習室が温かみのある空間を提供している。

カリキュラム　特性と進路にあわせた教育課程

普通科は特進コースと進学コースの2コース制で、特進コース(7時間授業、難関大学合格目標)は2年次より進路に応じた選択授業が行われる。進学コースは2年次より文系・理系・スポーツ選抜のいずれかのクラスに所属し、さまざまな進路に対応できる課程となっている。1・2年次特進コース全員・進学コース希望者には、隔週での土曜日講習、長期休暇中講習が行われている。

商業科は1年次は共通科目、2年次から国際観光コース・会計情報コースを選択する。

普通科・商業科とも、成績に応じて放課後や長期休暇に補習や個別指導を実施して学力の向上を図っている。

学校生活　多くの部活動と特色ある行事

部活動は文化部13、運動部18あり、甲子園出場経験の野球部、全国大会出場の剣道、弓道、フェンシング、ゴルフ、珠算などを始め、関東大会にも多くの部が出場している。特色ある学校行事には、宿泊オリエンテーション(1年生)・クラス合宿(2・3年生)があり、クラスの親睦のほか、進路や学校生活を考える大切な機会となっている。また商業科の校外学習では台湾を訪れ現地学生との交流を行っている。

全員にインターネット動画の自学システムを導入し、各自のペースで学習できるほか、学校からの定期的な課題や確認テストの教材としても利用されている。

サッカー部

進路　卒業生の7割が現役で大学・短大に進学

指定校推薦のある大学は120校以上、横浜商科大学へは特別推薦で進学ができる。2024年度の合格実績は、埼玉大・東京学芸大・早稲田大・慶應義塾大・青山学院大・神奈川大・国学院大・駒澤大・専修大・東海大・東京電機大・東京都市大・東京農業大・東洋大・日本大・日本体育大・武蔵大・明治大・明治学院大・法政大など。

今年度の卒業生のうち、専門学校進学者は20%、就職者は4%程度で、大学・短大進学者の18%が横浜商科大学に進学した。

2024年度入試要項

試験日　1/22(推薦)　2/10(一般)
3/3(2次)

試験科目　面接(推薦)
国・数・英＋面接(一般)
国・英か数・英＋面接(2次)

2024年度	募集定員	受験者数	合格者数	競争率
普通科特進推薦	10	非公表		
普通科進学推薦	140			
商業科推薦	40			
普通科特進一般	10/15/15			
普通科進学一般	60/140/10			
商業科一般	40/100/10			

※一般の人数は書類選考/学科試験/オープン
※2次の募集は若干名

過去問の効果的な使い方

① **はじめに**　入学試験対策に的を絞った学習をする場合に効果的に活用したいのが「過去問」です。なぜならば，志望校別の出題傾向や出題構成，出題数などを知ることによって学習計画が立てやすくなるからです。入学試験に合格するという目的を達成するためには，各教科ともに「何を」「いつまでに」やるかを決めて計画的に学習することが必要です。目標を定めて効率よく学習を進めるために過去問を大いに活用してください。また，塾に通われていたり，家庭教師のもとで学習されていたりする場合は，それぞれのカリキュラムによって，どの段階で，どのように過去問を活用するのかが異なるので，その先生方の指示にしたがって「過去問」を活用してください。

② **目的**　過去問学習の目的は，言うまでもなく，志望校に合格することです。どのような分野の問題が出題されているか，どのレベルか，出題の数は多めか，といった概要をまず把握し，それを基に学習計画を立ててください。また，近年の出題傾向を把握することによって，入学試験に対する自分なりの感触をつかむこともできます。

過去問に取り組むことで，実際の試験をイメージすることもできます。制限時間内にどの程度までできるか，今の段階でどのくらいの得点を得られるかということも確かめられます。それによって必要な学習量も見えてきますし，過去問に取り組む体験は試験当日の緊張を和らげることにも役立つでしょう。

③ **開始時期**　過去問への取り組みは，全分野の学習に目安のつく時期，つまり，9月以降に始めるのが一般的です。しかし，全体的な傾向をつかみたい場合や，学習進度が早くて，夏前におおよその学習を終えている場合には，7月，8月頃から始めてもかまいません。もちろん，受験間際に模擬テストのつもりでやってみるのもよいでしょう。ただ，どの時期に行うにせよ，取り組むときには，集中的に徹底して取り組むようにしましょう。

④ **活用法**　各年度の入試問題を全問マスターしようと思う必要はありません。できる限り多くの問題にあたって自信をつけることは必要ですが，重要なのは，志望校に合格するためには，どの問題が解けなければいけないのかを知ることです。問題を制限時間内にやってみる。解答で答え合わせをしてみる。間違えたりできなかったりしたところについては，解説をじっくり読んでみる。そうすることによって，本校の入試問題に取り組むことが今の自分にとって適当かどうかが，はっきりします。出題傾向を研究し，合否のポイントとなる重要な部分を見極めて，入学試験に必要な力を効率よく身につけてください。

数学

各都道府県の公立高校の入学試験問題は，中学数学のすべての分野から幅広く出題されます。内容的にも，基本的・典型的なものから思考力・応用力を必要とするものまでバランスよく構成されています。私立・国立高校では，中学数学のすべての分野から出題されることには変わりはありませんが，出題形式，難易度などに差があり，また，年度によっての出題分野の偏りもあります。公立高校を含め，ほとんどの学校で，前半は広い範囲からの基本的な小問群，後半はあるテーマに沿っての数問の小問を集めた大問という形での出題となっています。

まずは，単年度の問題を制限時間内にやってみてください。その後で，解答の答え合わせ，解説での研究に時間をかけて取り組んでください。前半の小問群，後半の大問の一部を合わせて50％以上の正解が得られそうなら多年度のものにも順次挑戦してみるとよいでしょう。

英語

英語の志望校対策としては，まず志望校の出題形式をしっかり把握しておくことが重要です。英語の問題は，大きく分けて，リスニング，発音・アクセント，文法，読解，英作文の5種類に分けられます。リスニング問題の有無(出題されるならば，どのような形式で出題されるか)，発音・アクセント問題の形式，文法問題の形式(語句補充，語句整序，正誤問題など)，英作文の有無(出題されるならば，和文英訳か，条件作文か，自由作文か）など，細かく具体的につかみましょう。読解問題では，物語文，エッセイ，論理的な文章，会話文などのジャンルのほかに，文章の長さも知っておきましょう。また，読解問題でも，文法を問う問題が多いか，内容を問う問題が多く出題されるか，といった傾向をおさえておくことも重要です。志望校で出題される問題の形式に慣れておけば，本番ですんなり問題に対応することができますし，読解問題で出題される文章の内容や量をつかんでおけば，読解問題対策の勉強として，どのような読解問題を多くこなせばよいかの指針になります。

最後に，英語の入試問題では，なんと言っても読解問題でどれだけ得点できるかが最大のポイントとなります。初めて見る長い文章をすらすらと読み解くのはたいへんなことですが，そのような力を身につけるには，リスニングも含めて，総合的に英語に慣れていくことが必要です。「急がば回れ」ということわざの通り，志望校対策を進める一方で，英語という言語の基本的な学習を地道に続けることも忘れないでください。

国語

国語は，出題文の種類，解答形式をまず確認しましょう。論理的な文章と文学的な文章のどちらが中心となっているか，あるいは，どちらも同じ比重で出題されているか，韻文(和歌・短歌・俳句・詩・漢詩)は出題されているか，独立問題として古文の出題はあるか，といった，文章の種類を確認し，学習の方向性を決めましょう。また，解答形式は，記号選択のみか，記述解答はどの程度あるか，記述は書き抜き程度か，要約や説明はあるか，といった点を確認し，記述力重視の傾向にある場合は，文章力に磨きをかけることを意識するとよいでしょう。さらに，知識問題はどの程度出題されているか，語句(ことわざ・慣用句など)，文法，文学史など，特に出題頻度の高い分野はないか，といったことを確認しましょう。出題頻度の高い分野については，集中的に学習することが必要です。読解問題の出題傾向については，脱語補充問題が多い，書き抜きで解答する言い換えの問題が多い，自分の言葉で説明する問題が多い，選択肢がよく練られている，といった傾向を把握したうえで，これらを意識して取り組むと解答力を高めることができます。「漢字」「語句・文法」「文学史」「現代文の読解問題」「古文」「韻文」と，出題ジャンルを分類して取り組むとよいでしょう。毎年出題されているジャンルがあるとわかった場合は，必ず正解できる力をつけられるよう意識して取り組み，得点力を高めましょう。

数学

出題傾向の分析と合格への対策

●出題傾向と内容

本年度の出題数は，大問数にして4題，小問数にして20題と例年通りであった。

出題内容は，1は数・式の計算，平方根の計算，2が二次方程式，連立方程式，3が連立方程式，数列，関数の変化の割合，図形と関数・グラフの融合問題，平面・空間図形の計量問題，4が図形と関数・グラフの融合問題であった。

出題範囲は広く，中学数学のほぼ全域から出題されていて，計算力を必要とする問題が多い。

学習のポイント

教科書の説明をくり返し読み，例題を何回も解いて基本を確実にマスターしよう。その後，過去問に挑戦してみよう。

●2025年度の予想と対策

来年度も出題形式，内容等の傾向が大きく変わることはないだろう。中学数学全域にわたる基本事項をきちんとおさえたあと，問題練習を重ねて応用力を養っていこう。

数や式の計算，平方根，因数分解，方程式などは，複雑な形の問題でも解けるようにしておこう。図形は，平面図形の問題が多く出題されている。定理や公式を正しく理解して利用できるようにしておこう。関数は，図形との融合問題として出題されているので，問題集や過去問などで慣れておこう。

▼年度別出題内容分類表 ……

出題内容			2020年	2021年	2022年	2023年	2024年
数と式		数の性質	○				
		数・式の計算	○	○	○	○	○
		因数分解	○		○		
		平方根	○	○	○	○	○
方程式・不等式		一次方程式	○		○	○	○
		二次方程式	○	○	○	○	○
		不等式					
		方程式・不等式の応用	○		○	○	
関数		一次関数	○	○	○	○	○
		二乗に比例する関数	○	○	○	○	○
		比例関数	○	○		○	
		関数とグラフ	○	○	○	○	○
		グラフの作成					
図形	平面図形	角度	○	○	○	○	○
		合同・相似	○	○		○	○
		三平方の定理	○			○	
		円の性質		○	○	○	○
	空間図形	合同・相似					
		三平方の定理		○		○	○
		切断				○	
	計量	長さ	○	○	○	○	○
		面積	○	○	○	○	○
		体積	○	○	○	○	○
		証明					
		作図					
		動点					
統計		場合の数					
		確率		○	○		
		統計・標本調査					
融合問題		図形と関数・グラフ	○	○	○	○	○
		図形と確率		○			
		関数・グラフと確率					
		その他					
その他							○

英語

出題傾向の分析と 合格への対策

●出題傾向と内容

本年度は，発音問題，アクセント問題，語句補充問題，言い換え・書き換え，語句整序問題，対話文完成問題，長文読解問題の計7題が出題された。

長文読解問題の英文は標準的な長さで，読みやすい内容である。設問は内容理解を問うものが中心で，細部まで正確に読み取る必要がある。

発音，アクセント，文法問題の難度は標準的で，中学の学習範囲内であるが，語句整序問題には日本語が与えられていないため，注意が必要である。

✓学習のポイント

長文問題では，特に内容一致問題を重点的に練習しよう。文法問題は標準的な問題を確実に解けるようにしよう。

●2025年度の予想と対策

ここ数年，出題構成に大きな変化は見られないので，来年度も本年度同様の構成になることが予想される。

発音，アクセント，文法問題の対策としては標準的な問題集を使って，入試頻出の典型的問題を確実に解けるようにしよう。

本年度の長文読解問題は説明文で，昨年度は手紙文だった。どのような内容・形式の文が出題されても対応できるよう，様々なジャンルの英文に取り組むとよいだろう。特に総合問題形式(文法・内容理解など，様々な問いを含む形式)長文読解の練習を十分にしておこう。

▼年度別出題内容分類表 ……

	出題内容	2020年	2021年	2022年	2023年	2024年
話し方・聞き方	単語の発音	○	○	○	○	○
	アクセント	○	○	○	○	○
	くぎり・強勢・抑揚					
	聞き取り・書き取り					
語い	単語・熟語・慣用句	○	○	○	○	○
	同意語・反意語					
	同音異義語					
読解	英文和訳(記述・選択)			○		○
	内容吟味	○	○	○	○	○
	要旨把握					
	語句解釈					
	語句補充・選択	○	○	○	○	
	段落・文整序					
	指示語	○	○		○	○
	会話文	○	○	○	○	○
文法・作文	和文英訳					
	語句補充・選択	○	○	○	○	○
	語句整序	○	○	○	○	○
	正誤問題					
	言い換え・書き換え	○	○	○	○	○
	英問英答				○	
	自由・条件英作文					
文法事項	間接疑問文	○				
	進行形			○		○
	助動詞	○	○	○	○	○
	付加疑問文	○				
	感嘆文					
	不定詞	○	○	○	○	○
	分詞・動名詞		○	○	○	
	比較	○	○	○	○	
	受動態	○			○	
	現在完了	○	○	○		
	前置詞	○	○	○	○	
	接続詞			○	○	
	関係代名詞	○	○	○	○	

横浜商科大学高等学校

国語

出題傾向の分析と合格への対策

●出題傾向と内容

例年通り，漢字の読み書き，慣用句，文学史などの知識問題が1題，現代文と古文が各1題ずつの3題構成であった。

知識問題は量も多く，漢字や画数，四字熟語，品詞など幅広い分野から出題されている。

現代文は論説文で，本文は比較的読みやすいが，内容の的確な読み取りが要求される。

古文は『宇治拾遺物語』からの出題で，動作主や解釈など，文脈の的確な読み取りが求められている。現代語の解釈や内容真偽などさまざまな角度から出題されている。

解答形式はすべてマークシート方式である。知識問題が多いので，時間配分には注意したい。

学習のポイント

知識分野をしっかり固めておこう！
古語や動作主など古文の基礎知識もたくわえておこう！

●2025年度の予想と対策

幅広い知識問題と，論説文，古文の問題構成は今後も続くと見られる。

知識問題は量が多いものの標準的難易度なので，日頃から積み重ねてミスのないようにしたい。漢字の読み書き，対義語や四字熟語，ことわざ・慣用句など語句に関する知識とともに基本的な文法も身につけておこう。

論説文は内容の的確な読解が問われるので，新聞の社説や短い論説文の要約などで読解力をつけておきたい。

古文は基本的な古語の意味などを少しずつ積み上げ，内容を正確に把握できるようにしておこう。

▼年度別出題内容分類表 ……

出題内容			2020年	2021年	2022年	2023年	2024年
内容の分類	読解	主題・表題		○		○	
		大意・要旨	○	○	○	○	○
		情景・心情					
		内容吟味	○	○	○	○	○
		文脈把握	○	○	○	○	○
		段落・文章構成					
		指示語の問題		○	○	○	
		接続語の問題		○	○		
		脱文・脱語補充	○	○	○	○	○
	漢字・語句	漢字の読み書き	○	○	○	○	○
		筆順・画数・部首				○	○
		語句の意味			○	○	
		同義語・対義語	○	○	○	○	○
		熟語	○	○	○	○	○
		ことわざ・慣用句	○	○	○	○	○
	表現	短文作成					
		作文（自由・課題）					
		その他					
	文法	文と文節		○			
		品詞・用法	○		○		○
		仮名遣い					
		敬語・その他	○			○	
	古文の口語訳		○	○	○	○	○
	表現技法			○			
	文学史		○		○	○	○
問題文の種類	散文	論説文・説明文	○	○	○	○	○
		記録文・報告文					
		小説・物語・伝記					
		随筆・紀行・日記					
	韻文	詩					
		和歌（短歌）		○			
		俳句・川柳					
	古文		○	○	○	○	○
	漢文・漢詩						

横浜商科大学高等学校

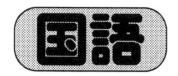

2024年度 合否の鍵はこの問題だ!!

数学 3 問7

(1)　同位角が等しいことから，EC//DA　よって，錯角は等しいので，$\angle$CEA＝$\angle$DAE＝$60^\circ-14^\circ=46^\circ$　2辺とその間の角が等しいので，△ACE≡△DCB　よって，$\angle$ABD＝$\angle$CBD＝$\angle$CEA＝46°

(2)　△ACE≡△DCB，△ACQ≡△DCR，△ECQ≡△BCRの3組

(3)　平行線と合同な三角形から，同じ角に印をつけると右の図のようになる。2組の角がそれぞれ等しいことから，△AQD∽△EQC，△PDA∽△PRE，△BER∽△DCR，△BEP∽△DQP，△BRC∽△BDA　直線DQとERは平行でないので，△QDPと△ERPは相似ではない。

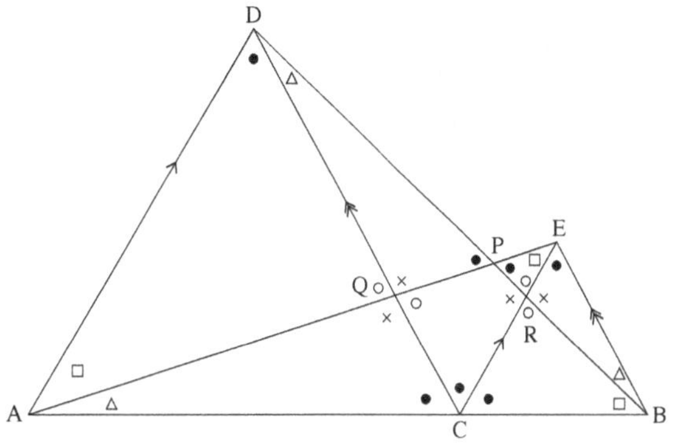

(4)　DA//ECより，平行線と線分の比の定理から，QD：QC＝AD：EC＝3：1　よって，$QD=3\times\frac{3}{4}=\frac{9}{4}$

◎図のように2つの正三角形を並べると，平行な直線ができる。そのことから，等しい角に印をつけていこう。

英語 7

長文読解の文章量が長く，設問数も多いため，読解問題で確実に得点できるようにすることが，合格への近道である。そのため，長文読解の方法をきちんと身につけておきたい。以下の点に注意をしながら長文読解に取り組もう。

①　事前に設問に目を通し，下線部や空欄に関する問い以外の問題には事前に目を通しておく。この問題の場合には問3～問7の問題がこれに該当する。

②　[注]に目を通し，どのような内容か把握する。

③　日本語で書かれた設問や選択肢には目を通し，どのような内容か把握する。この問題の場合は問6以外が日本語の選択肢となっている。

④　段落ごとに読み進める。読み進める際には，きちんと日本語訳をしながら内容を理解する。

⑤　その段落に問題となる部分があれば，その場で読んで解く。

以上のように読み進めれば，すばやく問題を処理できるだろう。また，英文を読むときには，頭の中で英文を音読するのではなく，きちんと日本語に訳しながら読むことが大切である。そのためには，教

科書に出てくる例文はぜひ暗唱できるまで繰り返したい。そして，問題集や過去問を用いて数多くの問題に触れて，練習を積むことが大切である。

国語 二 問十

★合否を分けるポイント

本文の内容にあてはまるものを選ぶ問題である。本文の内容とともに，選択肢の説明を正しく丁寧に読み取れているかがポイントだ。

★選択肢の正・誤の根拠を明確にする

本文を大まかな内容ごとに整理すると，

Ⓐ　コミュニケーション力を見極める基本は，お互いの会話を絡ませることができているかという点だが，こちらの話をまったく聞いていないかのような話の持って行き方をする人の特徴として三つのポイントがある。

・一つ目は，相手に関心がなく，質問をあまりしない。

・二つ目は，自分の話は延々と時間をとってするくせに，人の話を途中で遮る。

・三つ目は，人が使った言葉を上手く使いこなすことがない。

Ⓑ　相手が慣れ親しんでいる言葉をこちらが上手に使いこなしたり，自分の使うボキャブラリーが相手の話す文脈に組み込まれたりすると，会話が絡み合っていると感じる。

Ⓒ　お互いのボキャブラリーが混ざり合い，一つの文脈に溶け合わされるのが会話である。

Ⓓ　相手の話をきちんと聞く習慣がなく，自分の得意ネタを話し続ける人を「人間ジュークボックス」と呼ぶ。→相手が変わっても同じエピソードを繰り返し話す人にとって会話の相手は「話のジュークボックス」の記号ボタンを押す役割のためだけに存在する。

Ⓔ　相手と話を絡ませて会話を続けることができない人は，年齢に関係なくぼけており，相手の言葉を刺激として受け取り，自分の脳の反応を相手にお返しとして返すのが，脳が働いている人の対話の仕方である。

Ⓕ　家族や特定の人間としか話せない人は，コミュニケーション力が低く，年齢や性別，相手の状況や関心事を察知して，とりとめのない世間話で対話関係を結べる人は，コミュニケーション力が相当高い。→誰とでもすぐに世間話ができるのは，重要なコミュニケーション力である。

といった内容になる。これらの内容から，①はⒻの要旨，②はⒺの要旨，③はⒸの要旨にあてはまらないが，④はⒹの要旨にあてはまる，ということがわかる。特に②・③について，Ⓔでは，相手の言葉を受け取り，自分の脳の反応を相手にお返しとして返すと述べており，②の「自分の話を上手に絡ませられる」とは述べていないこと，③はⒸの「一つの文脈に溶け合わされる」の説明不足であることを見抜く必要がある。あてはまると思われる選択肢だけでなく，あてはまらないと思われる選択肢も，その根拠を明確にすることが重要だ。

2024年度

★★★★★★★★★★★★★★★★★★★★★★★

入　試　問　題

2024年度

横浜商科大学高等学校入試問題

【数　学】（40分）〈満点：100点〉
【注意】1　電卓・ものさし・コンパス・分度器を使用することはできない。

1　次の計算をしなさい。解答は各問いの解答群から1つ選びなさい。

問1　1　自然数5から30までの和を求めなさい。

① 455　② 456　③ 457　④ 458　⑤ 459　⑥ 460

問2　2　$\sqrt{(25+2\sqrt{46})(25-2\sqrt{46})}$

① 21　② 22　③ 23　④ 24　⑤ 25　⑥ 26

問3　3　$\dfrac{1}{2\sqrt{6}}-\dfrac{\sqrt{3}}{3\sqrt{2}}+\dfrac{3\sqrt{2}}{2\sqrt{3}}$

① $\dfrac{\sqrt{2}}{4}$　② $\dfrac{\sqrt{3}}{4}$　③ $\dfrac{\sqrt{6}}{4}$　④ $\dfrac{5\sqrt{2}}{12}$　⑤ $\dfrac{5\sqrt{3}}{12}$　⑥ $\dfrac{5\sqrt{6}}{12}$

2　次の2次方程式，連立方程式を解きなさい。
解答は各問いの解答群から1つ選びなさい。

問1　4　$x^2+(1-2\sqrt{3})x+3-\sqrt{3}=0$

① $x=\sqrt{3},\ \sqrt{3}-1$　② $x=\sqrt{3},\ -\sqrt{3}+1$　③ $x=-\sqrt{3},\ \sqrt{3}-1$
④ $x=-\sqrt{3},\ -\sqrt{3}-1$　⑤ $x=\pm(\sqrt{3}-1)$　⑥ $x=\sqrt{3}$

問2　5　$\dfrac{2}{3}x+y=\dfrac{11}{12}x+\dfrac{5}{8}y=2$

① $x=0,\ y=2$　② $x=1,\ y=\dfrac{4}{3}$　③ $x=2,\ y=\dfrac{2}{3}$
④ $x=\dfrac{1}{2},\ y=\dfrac{5}{3}$　⑤ $x=\dfrac{3}{2},\ y=1$　⑥ $x=\dfrac{5}{2},\ y=\dfrac{1}{3}$

3　次の各問いに答えなさい。解答は各問いの解答群から1つ選びなさい。

問1　6　次の連立方程式の解は$x=3$，$y=-1$，$z=2$である。aの値を求めなさい。
ただし，a，b，cは定数とする。

$$\begin{cases} ax-by+cz=13 \\ bx+cy-az=-1 \\ cx+by+cz=3 \end{cases}$$

① $a=\dfrac{1}{4}$　② $a=4$　③ $a=\dfrac{1}{3}$　④ $a=3$　⑤ $a=\dfrac{1}{2}$　⑥ $a=2$

問2 7　1，3，5，7，9……と正の奇数を並べていってk番目の奇数を表す式を$a_k=2k-1$と書くことにする。
たとえば，$a_1=2\times1-1=1$，$a_2=2\times2-1=3$，$a_3=2\times3-1=5$となる。$a_{11}\times a_{13}=a_n$となるnを求めなさい。

① 260　② 261　③ 262　④ 263　⑤ 264　⑥ 265

問3 8　関数$y=\frac{1}{3}x^2$でxの値が1から8まで増加するときの変化の割合が1次関数$y=ax+1$の変化の割合と等しくなった。このときのaの値を求めなさい。

① $a=\frac{8}{3}$　② $a=3$　③ $a=\frac{10}{3}$　④ $a=\frac{11}{3}$　⑤ $a=4$　⑥ $a=\frac{13}{3}$

問4 9　右図のように円に台形ABCDが内接している。
∠ABC＋∠DCB＝144°のとき，∠BADの大きさxを求めなさい。

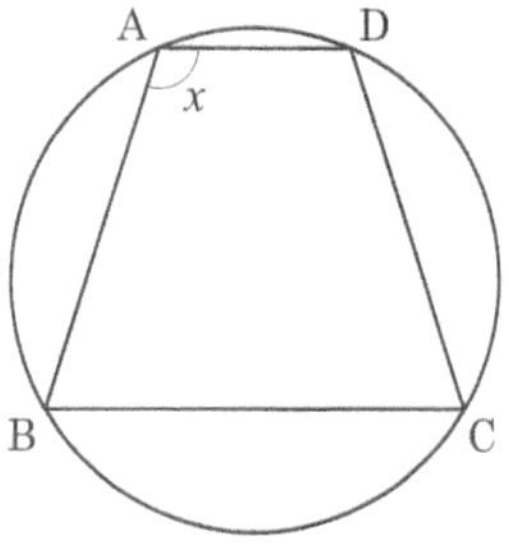

① 100°　② 102°　③ 104°　④ 106°　⑤ 108°　⑥ 110°

問5 x座標，y座標がともに整数になる点のことを格子点という。以下の問いに答えなさい。

10　(1) $y=\frac{8}{x}$のグラフ上に格子点の個数はいくつあるか。

① 12　② 11　③ 10　④ 9　⑤ 8　⑥ 無数

11　(2) A(−3，0)，B(21，0)，C(21，9)を3つの頂点とする△ABCがある。
△ABCの周および内部にある格子点の個数はいくつあるか。

① 125　② 127　③ 129　④ 130　⑤ 131　⑥ 133

問6 右図のような展開図があるとき，以下の問いに答えなさい。

12　(1) OA＝OB＝OC＝AB＝BC＝6とする。
展開図を組み立ててできる立体の体積を求めなさい。

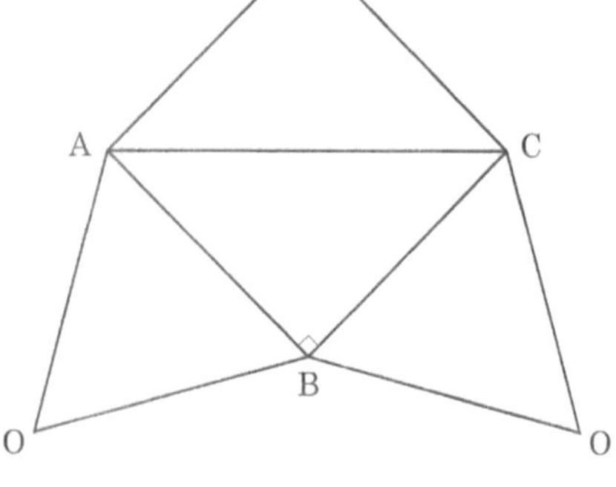

① $18\sqrt{2}$　② $18\sqrt{3}$　③ $\frac{18\sqrt{2}}{5}$　④ $\frac{18\sqrt{3}}{5}$　⑤ $\frac{18\sqrt{2}}{7}$　⑥ $\frac{18\sqrt{3}}{7}$

13　(2) 組み立てた図において，辺ACを軸にして，辺OBを1回転させたとき，辺OBの通る範囲の面積を求めなさい。

① $\sqrt{3}\pi$　② $2\sqrt{3}\pi$　③ 5π　④ $5\sqrt{3}\pi$　⑤ 9π　⑥ $9\sqrt{3}\pi$

問7　右図のように，3点A，B，Cは一直線上にある。
△ACD，△CBEは正三角形で，それぞれ1辺の長さは3，1である。
線分BDと線分AEの交点をP，
線分CDと線分AEの交点をQ，
線分CEと線分BDの交点をRとする。
以下の問いに答えなさい。

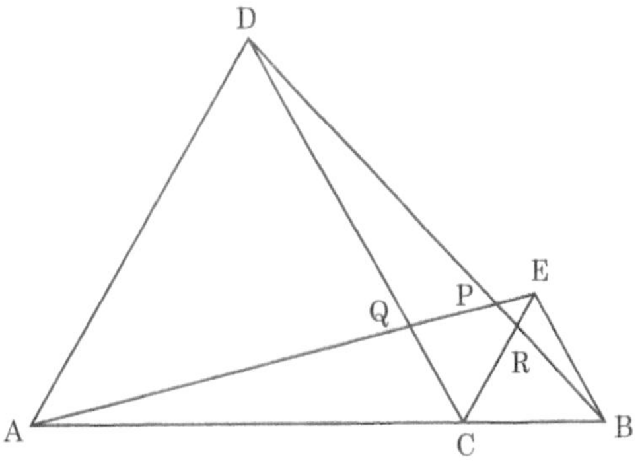

14　(1) ∠EAC＝14°のとき，∠ABDの大きさを求めなさい。

① 56°　② 54°　③ 52°　④ 50°　⑤ 48°　⑥ 46°

15　(2) 図の中に合同な三角形は何組あるか答えなさい。

① 0　② 1　③ 2　④ 3　⑤ 4　⑥ 5

16　(3) 図の中の相似な三角形について間違っているものを選びなさい。

① △AQD ∽ △EQC　② △PDA ∽ △PRE　③ △BER ∽ △DCR
④ △BEP ∽ △DQP　⑤ △BRC ∽ △BDA　⑥ △QDP ∽ △ERP

17　(4) QDの長さを求めなさい。

① $\frac{9}{4}$　② $\frac{5}{2}$　③ $\frac{11}{4}$　④ 3　⑤ $\frac{13}{4}$　⑥ $\frac{7}{2}$

4 関数$y=2x^2$，関数$y=bx^2\,(b<0)$のグラフ上に4点ABCDを右図のようにとる。
ただし，ADがx軸に平行であるとき，以下の問いに答えなさい。解答は各問いの解答群から1つ選びなさい。

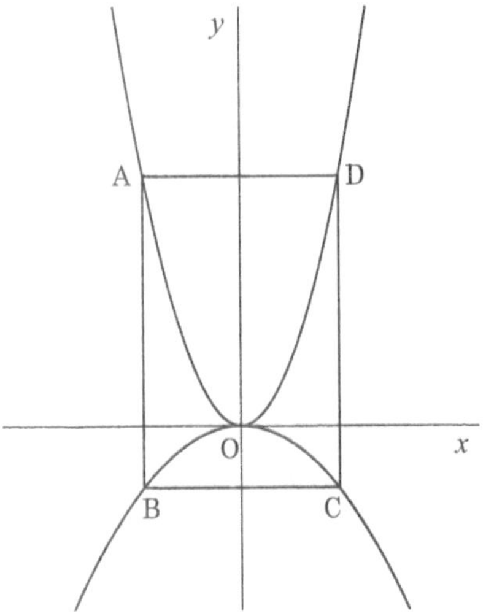

問1 [18] 関数$y=bx^2$は$(-2,\ -2)$を通る。bの値を求めなさい。

① $-\frac{1}{8}$　② $-\frac{1}{4}$　③ $-\frac{1}{2}$　④ -8　⑤ -4　⑥ -2

問2 [19] 点C，点Dのx座標を$p\,(p>0)$としたとき，線分CDの長さを求めなさい。

① $\frac{5}{2}p^2$　② $\frac{5}{2}p$　③ $\frac{3}{2}p^2$　④ $\frac{3}{2}p$　⑤ $\frac{1}{2}p^2$　⑥ $\frac{1}{2}p$

問3 [20] 四角形ABCDが正方形になるとき，pの値を求めなさい。

① $\frac{4}{5}$　② $\frac{2}{5}$　③ $\frac{4}{3}$　④ $\frac{2}{3}$　⑤ $\frac{3}{4}$　⑥ $\frac{1}{4}$

【英　語】（40分）〈満点：100点〉

1　次の各組において，左側の下線部と同じ発音を含んでいる語を右側の①～⑤から1つ選びなさい。

問1　1

needed　① colored　② graduated　③ showed　④ loved　⑤ talked

問2　2

young　① bought　② mouth　③ thought　④ ground　⑤ enough

問3　3

smile　① arrive　② build　③ children　④ little　⑤ visit

問4　4

work　① garden　② walk　③ early　④ dear　⑤ hear

問5　5

bench　① season　② teach　③ weak　④ dead　⑤ sea

2　次の各組の語の中で，最も強く発音する音節の位置が他と異なるものを1つ選びなさい。

問1　6

① a-broad　② be-lieve　③ per-fect　④ for-get　⑤ a-lone

問2　7

① sham-poo　② im-age　③ ty-phoon　④ u-nique　⑤ Chi-nese

問3　8

① plat-form　② ad-vice　③ con-trol　④ re-port　⑤ de-stroy

問4　9

① news-pa-per　② Can-a-da　③ an-y-where　④ sud-den-ly　⑤ per-cent-age

問5　10

① of-fi-cial　② ad-van-tage　③ i-mag-ine　④ how-ev-er　⑤ un-der-stand

3　（　　　）内に入る最も適切な語を1つ選びなさい。

問1　11

Do you go to school (　　　) foot or by bicycle?

① on　② of　③ in　④ for　⑤ to

問2　12

He worked hard (　　　) order to pass the examination.

① on　② of　③ in　④ for　⑤ to

問3 13

What time do you usually leave ( ) the office?

① on ② of ③ in ④ for ⑤ to

問4 14

There are hundreds ( ) people in the park.

① on ② of ③ in ④ for ⑤ to

問5 15

The airport was crowded ( ) passengers.

① at ② with ③ from ④ into ⑤ in

4 次の各文がほぼ同じ意味になるように( )内に入る適切なものを1つ選びなさい。

問1 16

Mark entered that building with Margot.

Mark ( )( ) that building with Margot.

① far / away ② gone / to ③ went / into ④ went / to ⑤ went / through

問2 17

Daniel decided to try to get the rare stamp.

Daniel decided to ( )( ) the rare stamp.

① look / for ② see / out ③ look / in ④ find / out ⑤ watch / out

問3 18

Chiaki is happy to know that you will visit this town.

Chiaki is ( ) to know that you will visit this town.

① hate ② sick ③ serious ④ glad ⑤ tired

問4 19

Linda likes coffee better than tea.

Linda ( ) coffee ( ) tea.

① not / but ② hates / about ③ prefers / than

④ tastes / to ⑤ prefers / to

問5 20

Tomoko was born in Japan but she was raised in Canada.

Tomoko was born in Japan but she was ( )( ) in Canada.

① woke / up ② brought / up ③ learned / it

④ cheered / up ⑤ broke / out

5 意味の通る英文となるように( )内の語(句)を並べ替え，その中の3番目と5番目になる組み合わせとして適切なものを下から1つ選びなさい。

問1 21

Ryo (ア visit イ planning ウ to エ shrine オ is カ the).

① カ・ア ② エ・ア ③ ウ・オ ④ イ・カ ⑤ ウ・カ

問2　22

Do you (ア his　イ name　ウ know　エ first　オ spell　カ how to)?

①オ・エ　②イ・ア　③ウ・イ　④ウ・ア　⑤ア・カ

問3　23

He (ア meeting　イ France　ウ to　エ went to　オ attend　カ the).

①イ・ア　②エ・ア　③オ・カ　④ウ・カ　⑤オ・ア

問4　24

It's (ア for　イ difficult　ウ understand　エ the story　オ to　カ us).

①ウ・ア　②イ・カ　③カ・ウ　④ア・カ　⑤エ・カ

問5　25

Our (ア take　イ time　ウ will　エ off　オ on　カ plane).

①イ・カ　②ア・オ　③オ・イ　④ア・カ　⑤カ・イ

6 各組の会話を完成させるために，(　　　)に入る最も適切な文を1つ選びなさい。

問1　26

A: Hello, may I see your passport, please?

B: Sure. (　　　　　　)

A: Thank you. Where will you be staying?

B: I will stay in Peterborough. I have friends there.

① No way.

② Here it is.

③ I can't find it.

④ Let me check.

⑤ How about it?

問2　27

A: (　　　　　　) This movie will be released soon.

B: Really? That's great! When can we watch it?

A: It's this April.

① Guess what?

② Nice to meet you.

③ It's impossible.

④ I have to go now.

⑤ I want to read this.

問3　28

A: What did you do last Saturday?

B: (　　　　　　)

A: Why? Did you stay at home the whole weekend?

B: Yes, I had a cold.

① I love the movie.

② This is my treasure.

③ That trip is fun.

④ Nothing special.

⑤ This book is interesting.

問4 　29

A: I've never tried *sushi*. Which one do you recommend?

B: You should try *maguro*.

A: (　　　　　　　)

B: It's tuna.

① Another one?

② Can I try it this sushi shop?

③ I dislike it.

④ Is it expensive?

⑤ How do you say it in English?

問5 　30

A: Have you ever seen a ghost?

B: Yes, I have.

A: (　　　　　　　)

B: She was a little girl and looked sad.

① I'm scary.

② I'm not interested in them.

③ Really? Can you tell me about it?

④ It's so fun.

⑤ When was that?

7 　次の英文を読んで，以下の問いに答えなさい。

Breakfast is said to be ア<u>the most important</u> meal of the day. Your body wakes up by eating a well-balanced breakfast at the beginning of the day, and you can get the energy you need to move your body. It will help you study better. You will feel stress if you do not have breakfast. So, what did you eat for breakfast this morning? Rice, bread or pancakes? You may think most Japanese people eat rice at every meal, but in fact, イ<u>it</u> is not true. Not all Japanese people eat rice for breakfast today.

These days breakfast has many patterns in Japan. Some people eat only fruit, others eat nothing at all. *The Ministry of Agriculture, Forestry and Fisheries says about 34% of Japanese people eat bread for breakfast, 16% rice, and another 32% nothing at all. There are more people who eat bread than rice for breakfast.

*Rice farming is said to have come to Japan about 3,000 years ago. Before that, Japanese people hunted animals, and also gathered nuts and berries to eat. If they could not catch any animals, they had nothing to eat that day. Rice farming changed this way of life and people became stronger and *healthier thanks to rice.

Miso is made from *soybeans and is another *foundation of *washoku*. It was first eaten in the Heian *period only by rich people. In the Kamakura period, it was being made at temples and *miso* soup was born. Later, in the Muromachi period, people started to eat *miso* in daily life. In the Sengoku period, it was used as food for *soldiers on the *battlefield. *Tofu*, is also made from soybeans, and is rich in *protein, *calcium, and vitamin B. It was also introduced from China in the Nara period. It is healthy because it has less *fat than meat or milk and is low in calories.

Around 1543, bread came to Japan with *Christianity and *guns. In the late Edo period, bread was eaten by soldiers during war. Bread is light to carry, and soldiers did not need to make a fire to eat it. Making a fire to eat rice would often show their *enemies where they were.

Later, people started *polishing rice to make it *whiter and tastier. However, there was a problem with polished rice. People who ate only polished white rice and small side dishes did not get enough vitamin B1 and could get sick with *beriberi. Finally, the Japanese *government told people to eat not only polished rice but also to eat *barley rice and bread. At first bread was not popular with Japanese people, but *anpan*, bread with sweet bean jam in it, was a great hit in the 1870s. Many Japanese people started to eat bread.

Japanese food culture changed greatly after *World War Ⅱ. After the war, Japan did not have enough food for everyone to eat. Children were always hungry. ウ To help save lives, GHQ decided to give bread and milk to children. GHQ made many kinds of rules for Japan. One of them was about food culture. It told Japan to *import more *wheat, milk and meat. Japanese food meals became *westernized because of エ this.

In 2010, オ more bread than rice was eaten in Japan for the first time. Many people started to eat bread and eggs for breakfast with coffee. But on the other hand, Japanese style breakfasts are still popular. *Washoku* is gathering attention all over the world. So, what will you eat for breakfast tomorrow?

*The Ministry of Agriculture, Forestry and Fisheries 農林水産省 / *rice farming 稲作 / *healthier より健康に / *soybeans 大豆 / *foundation 基本 / *period 時代 / *soldiers 兵士 / *battlefield 戦場 / *protein タンパク質 / *calcium カルシウム / *fat 脂肪 / *Christianity キリスト教 / *guns 鉄砲 / *enemies 敵 / *polish 精米する / *whiter and tastier より白くおいしく / *beriberi 脚気《かっけ》(病名) / *government 政府 / *barley 麦 / *World War Ⅱ 第二次世界大戦 / *import 輸入する / *wheat 小麦 / *westernized 西洋化された

問1 下線部**ア**の理由として本文の内容と合っていないものを選びなさい。 31

① 朝食は一日の最初の目覚めの一食だから。

② 朝食は体にエネルギーを与えてくれるから。

③ 朝食を食べるとストレスを感じにくいから。

④ 朝食を食べたほうが勉強するのに役立つから。

⑤ 朝食としてはパンよりご飯のほうが栄養バランスがいいから。

問2　下線部イが指すものを次から1つ選びなさい。　32

① 朝食が大切だということ。

② 朝食に何を食べたかということ。

③ 日本人が毎食米を食べるということ。

④ 日本人は米が大好きであること。

⑤ 日本人が毎食米を食べているというわけではないこと。

問3　以下の中で本文の内容と合っていないものを選びなさい。　33

① 稲作はキリスト教や銃と一緒に日本に伝わった。

② 稲作が伝わる前には，日本人は狩猟や木の実を採集していた。

③ 稲作が伝わり，それまで自然任せだった生活が変わった。

④ 日本では稲作が始められてから，約3,000年が経っている。

⑤ 日本人は狩猟をしなくなり肉を食べなくなったが，米を食べて強くなった。

問4　味噌についての記述で本文の内容と合っていないものを選びなさい。　34

① 味噌の原材料は大豆である。

② 味噌はタンパク質が豊富である。

③ 味噌は平安時代には高級な食材だった。

④ 室町時代には日常的に味噌が食べられていた。

⑤ 鎌倉時代には寺で味噌が作られていた。

問5　豆腐についての記述で本文の内容と合っているものを選びなさい。　35

① 豆腐は味噌汁の具として人気がある。

② 豆腐が日本に伝来したのは奈良時代である。

③ 豆腐は栄養価が高いのでカロリーも高い。

④ 豆腐は兵士の非常食になっていた。

⑤ 豆腐は日本で生まれた食材である。

問6　江戸時代に兵士がパンを携帯した理由として本文の内容と合っているものを選びなさい。

36

① Bread could be eaten without drinking water.

② Bread was brought to Japan with Christianity and guns.

③ Bread could be eaten without side dishes.

④ Bread could be eaten without making a fire.

⑤ Bread was good for soldiers' health.

問7　本文の内容と合っていないものを選びなさい。　37

① 脚気(かっけ)はビタミンB1不足になって起こる病気である。

② 精米だけを食べると脚気になりやすい。

③ 少ないおかずで精米を多く食べていたので，ビタミンB1を十分に摂ることができなかった。

④ 脚気解消のために日本政府は米を食べることを禁止した。

⑤ 脚気を防ぐため，麦飯やパンが推奨された。

問8　下線部**ウ**の表す意味として最も近いものを次のうちから1つ選びなさい。 38

① 彼らの命を守ることは

② 彼らの命を守るための

③ 彼らの命を守るために

④ 彼らの命を守るので

⑤ 彼らの命を守るとき

問9　下線部**エ**の表す意味として最も近いものを次のうちから1つ選びなさい。 39

① GHQが，小麦，牛乳，肉の輸入を日本に命令したこと。

② 戦後食糧不足に陥っていたこと。

③ 子供も大人も空腹であったこと。

④ 日本の食文化が大きく転換したこと。

⑤ 米よりパンの消費量が上がったこと。

問10　下線部**オ**の表す意味として最も近いものを次のうちから1つ選びなさい。 40

① 初めて米より多くのパンが売れるようになった。

② 米を食べる人がパンを食べる人を初めて上回った。

③ 多くの人が初めてパンを食べた。

④ 初めてパンが米より多く食べられた。

⑤ 初めてアンパンがヒットし，パンが人々に受け入れられた。

①期待していた以上に　②特に理由もなく
③予想どおり　④思った以上に

問三　――線**C**「いかにと思へども」の解釈として適当なものをひとつ選びなさい。　33

①自慢したいことと思ったけれど
②良くないことだと思ったけれど
③どうしたものかと思ったけれど
④大変おいしい魚と思ったけれど

問四　――線**D**「いふべきやうもなかりければ」の解釈として適当なものをひとつ選びなさい。　34

①主人は僧にわざわざ口にすべきことでもなかったので
②僧は主人に身の潔白を証明する必要もなかったので
③主人が僧に自分の勘違いを詫びる言葉を言い出せなかったので
④僧が主人に魚のおいしさを口にするのもわざとらしかったので

問五　空欄 **E** にあてはまることばとして適当なものをひとつ選びなさい。　35

①腹　②口　③喉　④鼻

問六　――線**F**「あるじあやしう覚えて」とあるが、その理由として適当なものをひとつ選びなさい。　36

①主人が部屋を出ていた間に氷魚が少なくなったから。
②僧が食べた氷魚が一匹ぷっと飛び出してきたから。
③僧が出された氷魚を食べても全く感想を言わないから。
④主人が僧のことを疑っていると心の中で思っているから。

問七　――線**G**「いひければ」、――線**H**「いひたりければ」の主語として適当なものをひとつずつ選びなさい。

①僧　②あるじ　③氷魚　④人皆　　**G** 37　**H** 38

問八　――線**I**「人皆、『は』と笑ひけり」の理由として適当なものをひとつ選びなさい。　39

①僧が自分の食いしん坊な意地汚さを隠そうと魚の専門家を装って、もっともらしい言い訳をすることにあきれたから。
②僧の主張がその言動を正当化するための弁明であったのだが、合理性に富んだ説明だったので誰もが感心できたから。
③主人からの非難に対する厚かましい態度から一変して、深い反省をし始めた僧の態度の落差が大変おかしかったから。
④主人からの指摘を苦し紛れの言い訳でしのごうとした僧の図々しさが、周囲の人々には愚かで滑稽に感じられたから。

問九　この物語が成立した鎌倉時代の作品をひとつ選びなさい。　40

①『枕草子』　②『平家物語』
③『竹取物語』　④『奥の細道』

①相手の性別や年齢に合わせた話題を探し、とりとめのない世間話ができるから。
②相手の状況や関心事とは無関係に、不特定の人間との会話を成立させられるから。
③多くの老若男女と接することで、さまざまなことに関心を持つようになるから。
④普段話さない人と幅広く接することで、対話の能力が刺激され脳が活性化するから。

問八　――線J「糸口」を言い換えたことばとして適当なものをひとつ選びなさい。 [28]

①出口　②話題　③端緒　④要点

問九　空欄 [K] にあてはまることばとして適当なものをひとつ選びなさい。 [29]

①関心事　②世間話の効用
③対話関係　④コミュニケーション力

問十　本文の内容にあてはまるものをひとつ選びなさい。 [30]

①家族内のコミュニケーションが減っても友達と世間話ができる人は、コミュニケーション力が高いといえる。
②相手の話に反応し自分の話を上手に絡ませられる人は、脳が働いている対話をおこなっているといえる。
③相手の話をよく聞きボキャブラリーが豊富である人は、コミュニケーション力が高いといえる。
④自分の得意ネタを話し続ける人にとって、話し相手はいてもいなくてもよい記号のような存在といえる。

三　次の古文を読んで後の問いに答えなさい。なお、解答番号 [31] ～ [40] までは解答欄⑤は使用しません。

これも今は昔、ある僧、人のもとへ行きけり。酒など勧《すす》めけるに、※氷魚《ひを》はじめて出《い》で来《き》たりければ、※あるじ A珍しく思ひて、もてなしけり。あるじ用《よう》の事ありて、内《うち》へ入りて、また出でたりけるに、この氷魚の B殊《こと》の外《ほか》に少なくなりたりければ、あるじ、Cいかにと思へども、Dいふべきやうもなかりければ、物語しゐたりける程に、この僧の [E] より氷魚の一つふと出でたりければ、Fあるじあやしう覚えて、「その [E] より氷魚の出でたるは、いかなる事にか」とGいひければ、取りもあへず、「この比《ごろ》の氷魚は目鼻より降《ふ》り候《さぶら》ふなるぞ」とHいひたりければ、I人皆、「は」と笑ひけり。

（『宇治拾遺物語』より）

※氷魚…鮎の稚魚で、体長三～五センチの半透明、白魚に似る。
あるじ…主人

問一　――線A「珍しく思ひて」とあるが、その理由として適当なものをひとつ選びなさい。 [31]

①今年になって氷魚が初物として出回るようになったから。
②僧であるのに酒を飲み初物の氷魚を食べようとするから。
③主人にとって氷魚は生まれて初めて食べる魚だったから。
④僧が手みやげに初物の氷魚を持参して主人をもてなしたから。

問二　――線B「殊の外に」の意味として適当なものをひとつ選びなさい。 [32]

②一人でも話し相手の助けを借りず、きちんと話を続けることができる力。

③自分の使用する言葉が、相手の会話の中に使われていることに気づける力。

④相手の使い慣れた言葉を意図的に用いて、文脈を押さえた話ができる力。

問二 ――線B「そのような人の特徴」にあてはまらない内容をひとつ選びなさい。 22

①相手が使っている言葉を自分の会話の中に取り込もうとする。

②会話する相手に対する関心が低くすぐに自分の話を始めてしまう。

③相手の話す内容と関係のない話題をいきなり持ち出して話そうとする。

④自分の得意ネタを繰り返し話し続けて必要以上には会話をしない。

問三 ――線C「ボール・ポゼッション（保有）の意識が低い」の説明として適当なものをひとつ選びなさい。 23

①皆がボールゲームを楽しめるようにボールを持ち過ぎないようにするということ。

②ボールゲームも会話と同じで聞き手と話し手が交互に絡み合うようにするということ。

③ボールゲーム内における自分の役割や能力を冷静に判断できないということ。

④ボールの持ち過ぎがゲームの進行を妨げる結果になることに考えが及ばないということ。

問四 ――線D「肉じゃが」、――線E「肉とじゃがいも」、――線F「器」はそれぞれ何をたとえているか。その組み合わせとして適当なものをひとつ選びなさい。 24

① D 会話　E 文脈　F 言葉

② D 文脈　E 会話　F 言葉

③ D 会話　E 言葉　F 文脈

④ D 文脈　E 言葉　F 会話

問五 空欄 G にあてはまることばとして適当なものをひとつ選びなさい。 25

①自慢する　②反復する　③朗読する　④強制する

問六 ――線H「若い人の場合には自己中心的だと判断するのが普通かもしれない」の理由として適当なものをひとつ選びなさい。 26

①若者でも柔軟な対話ができなければ「ぼけ」以外にその原因を探さなくてはならないから。

②若者は相手への関心よりも自分の主張をいかに伝えるべきかを常に考えてしまうから。

③高齢者によく見られるぼけの症状を若者にあてはまるのは年齢的に違和感があるから。

④普段の会話の内容が自己中心的な内容かどうかが若者の「ぼけ」の判断基準になるから。

問七 ――線I「コミュニケーション力をはかる基準としては、話す相手が幅広いという基準も挙げることができる」の理由として適当なものをひとつ選びなさい。 27

私は個人的に、ある人がぼけているかどうかの判断基準として、相手と話を絡ませて会話を続けることができるかどうかという点をチェックポイントにしている。高齢になっても、相手の話にきちんと反応し、それに絡む形で自分の話を上手に織り込んでくる人は、ぼけてはいないと判断する。若い人でも、話が絡まない場合には、「若いのにぼけているなあ」と感じる。H若い人の場合には自己中心的だと判断するのが普通かもしれないが、あえて「すでにぼけている」と認定してしまった方が現実に即しているように私には感じられる。相手の言葉を刺激として受け取り、自分の脳の反応を相手にお返しとして返す。これが、脳が働いている人の対話の仕方だ。それができずに自分の世界に閉じこもっている場合は、脳が固まってきていると思うのだ。

文脈と全く関係のない話題を平気でいきなり持ち出してきたり、もう既に済んだ話を蒸し返してきたりすると、これもまた頭がぼけていると言いたくなる。文脈をしっかり押さえた話し方をする人は、頭の老化が遅い。相手に柔軟に対応し、文脈を共につくることができる頭は、年齢にかかわらず老いてはいない。

Iコミュニケーション力をはかる基準としては、話す相手が幅広いという基準も挙げることができる。誰か特定の人間としか話せないとなると、コミュニケーション力は低い。お母さんとしか話すことのできない子ども、友達としか話せない若者、同年代・同性の仕事仲間としか話せない会社員など、会話の相手の幅が狭い人はコミュニケーション力が十分ではない。老若男女と接する機会が多いほど、柔軟なコミュニケーション力が養成される。幼児とはどんな話をしたらいいのか、二十代の女性とは、五十代の女性とは……といったように相手によって話題を変えて、会話のJ糸口を見つけ出していくことができれば、コミュニケーション力は相当高い。

もちろん年齢や性別だけでは十分ではない。相手の置かれている社会的な状況や関心事を瞬時に察知して、対話関係を結ぶ。具体的な状況としては、マンションのエレベーターで二人きりになった場面を考えてみよう。五歳児と一緒になったときに、「何階まで行くの？」と聞く程度のことは普通だ。まったく一言も交わさずに過ごすとすれば、コミュニケーションを煩わしく思っていると判断していい。「どこの幼稚園に行ってるの？」や「今日、『ちびまる子ちゃん』やるよね、見る？」といった話題をふってみることができるかどうか。本当に上手くやれば、十秒ほどの間でも多少とも心の通い合う会話を交わすことはできる。

世間話の効用というものがある。お天気の話から入り、とりとめもない世間話をする。そうすることで、お互いに素知らぬふりをしているよりは、ずっと気持ちが楽になる。一緒の空間にいて、相手がそこにいることは分かっているのに、あたかも誰もいないかのように振る舞い合う――そうした気まずい空気を過ごすよりは、さっと世間話をして、気持ちを交わし合って別れる。その方がずっと気分がいい。誰とでもすぐに世間話ができる。これは重要な K である。

（齋藤　孝『コミュニケーション力』より）

問一　――線A「「コミュニケーション力」」の説明として適当なものをひとつ選びなさい。 21

①ボールゲームを皆で楽しむため、チャンスを譲ることができる力。

の話をまったく聞いていないかのような話の持って行き方をする人がいる。Bそのような人の特徴としては、次のようなポイントが挙げられる。

一つ目は、質問をあまりしない。相手のことに、あまり関心がないのだ。たとえ質問をしたとしても、それは見せかけだけで、すぐに自分の話をし始める。

二つ目は、人の話を途中で遮る。自分の話は延々と時間をとってするくせに、人が話し始めると途中で遮ってしまう。これは、ボールゲームで言うと、Cボール・ポゼッション（保有）の意識が低いということだ。自分がどれだけボール（話す時間）を持っているのかを意識していないと、チームメイト（話し相手）にボールをまわさなくなる。子ども同士の遊びでも、球を友達にまわさずに、一人で保有している子どもがいたら周りから注意されるだろう。話をしているということは、ちょうどボールを持っているのと同じ状態だ。ボールゲームは皆で楽しむものだ。会話も球を意識的にまわさなくてはゲームにならない。

説教のモードにすぐに入りがちな人は、相手の話を最後まで聞ききる習慣が少ない。すべてを説明しきる前に、初めの言葉で怒りだしてしまう。ちょっとした言葉づかいが逆鱗に触れ、話の本筋に入る前に説教が始まってしまう。これではコミュニケーションがとれていないと言える。

三つ目は、人が使った言葉を上手く使いこなすことがないということだ。会話をしていると、それぞれが使うボキャブラリーというものがある。相手が慣れ親しんでいる言葉をこちらがその場で上手に使いこなすことができると、コミュニケーションは格段に深まるのだが、これを意識して行っている人は少ない。反対に、自分の使うボキャブラリーが上手に相手の話す文脈に組み込まれると、会話が絡み合っているなと感じるものである。

会話の素材は、言葉だ。お互いのボキャブラリーが混ざり合うことで、味わいのある料理ができあがる。D肉じゃがをつくるのに、E肉とじゃがいもをそれぞれ別に料理し別のF器により分けているようならば、それは肉じゃがとは呼ばない。会話でも、素材（ボキャブラリー）が混ぜ合わされ、一つの文脈に溶け合わされるからこそ、会話と呼べるのだ。

相手の話をきちんと聞く習慣がなく、自分の得意ネタを話し続ける人を、私は「人間ジュークボックス」と呼んでいる。ジュークボックスというのは、かつてお酒を飲むバーのようなところにあったミュージック・マシンだ。コインを入れK―3とか、F―2といった記号を押すと、その記号にセットされている音楽が鳴り出す。あらかじめセットされている曲しか流れない。自分の話ばかりしたがる人の中には、自分の中にあらかじめセットされている話を［G］傾向があるのだ。

相手が変わっても同じエピソードを繰り返し話す人がいる。そうした人にとって会話の相手は、「話のジュークボックス」の記号ボタンを押す役割のためだけに存在する。

ジュークボックス化は、一つひとつの話がつまらないということとは関係がない。文脈に沿っていない、相手の話したいことと絡んでいない、ということが問題なのである。

①棚にショウヒンを並べる。
②数学のショウメイ問題を解く。
③車同士が正面ショウトツする。
④独立国としてショウニンする。
⑤ショウガク金を利用して進学する。

E　契約違反はカンカできない。　13

①カンゴ師は人気の職業だ。
②大好きなサッカーをカンセンする。
③優れた色彩カンカク。
④日本を代表する映画カントク。
⑤貿易カンケイの仕事をする。

問五　次のA・Bの四字熟語の中で漢字に誤りのあるものをそれぞれひとつずつ選びなさい。

A　①論功行賞　②我田引水　③悠々自適　④近隣諸国　⑤天地創像　14

B　①沈思黙考　②一居両得　③優柔不断　④無味乾燥　⑤臨機応変　15

問六　次のA・Bの空欄に漢字を入れて慣用句を作るとき、あてはまることばをそれぞれひとつずつ選びなさい。

A　（　）が痛い　【欠点を指摘されてつらい】　16
①目　②心　③頭　④耳　⑤胸

B　（　）を洗う　【好ましくない仕事をやめる】　17
①足　②手　③腕　④首　⑤顔

問七　次の――線の単語の品詞名を選びなさい。

廊下は静かに歩きましょう。　18
①動詞　②形容詞　③形容動詞　④副詞　⑤連体詞

問八　次の①～⑤の中で作者と作品の組み合わせとして正しいものを選びなさい。　19

①太宰治『河童』　芥川龍之介『斜陽』
川端康成『こころ』　夏目漱石『伊豆の踊子』
②太宰治『斜陽』　芥川龍之介『河童』
川端康成『伊豆の踊子』　夏目漱石『こころ』
③太宰治『斜陽』　芥川龍之介『伊豆の踊子』
川端康成『こころ』　夏目漱石『河童』
④太宰治『こころ』　芥川龍之介『河童』
川端康成『伊豆の踊子』　夏目漱石『斜陽』
⑤太宰治『伊豆の踊子』　芥川龍之介『斜陽』
川端康成『河童』　夏目漱石『こころ』

問九　次の漢字の中で総画数が他と違うものをひとつ選びなさい。　20

①恐　②粋　③鬼　④糾　⑤倣

二　次の文章を読んであとの問いに答えなさい。なお、解答番号 21 ～ 30 までは解答欄⑤は使用しません。

A コミュニケーション力を見極める際に基本となるのは、お互いの会話を絡ませることができているかどうか、という点である。一人で話している間はまともな話をすることのできる人の中にも、相手の発言と自分の発言とを絡めて話すことのできない人は意外に多い。こちら

【国　語】（四〇分）〈満点：一〇〇点〉

一　**次のそれぞれの問いに答えなさい。**

問一　次の**A**～**D**の漢字の読みとして適当なものをそれぞれひとつずつ選びなさい。

A　滞る　①たま(る)　②さえぎ(る)　③とどこお(る)　④かたよ(る)　⑤したた(る)　1

B　著しい　①もどか(しい)　②いちじる(しい)　③やかま(しい)　④うるわ(しい)　⑤あたら(しい)　2

C　謀反　①もうほん　②ぼうはん　③ぼうほん　④むほん　⑤むはん　3

D　履行　①ふくぎょう　②りぎょう　③はいぎょう　④ふっこう　⑤りこう　4

問二　次の**A**・**B**の太く示してある部分は何画目に書きますか。それぞれひとつずつ選びなさい。

A　偶　①七画目　②八画目　③九画目　④十画目　⑤十一画目　5

B　逃　①四画目　②五画目　③六画目　④七画目　⑤八画目　6

問三　次の**A**・**B**の空欄に漢字を入れて類義語を作るとき、あてはまる漢字をそれぞれひとつずつ選びなさい。

A　専念　――　（　　）頭　①偏　②心　③即　④没　⑤側　7

B　基準　――　（　　）度　①傾　②尺　③純　④節　⑤制　8

問四　次の**A**～**E**の――線のカタカナと同じ漢字を使うものをそれぞれひとつずつ選びなさい。

A　問題なくエンカツに事を運ぶ。　9
①国土の一部をカツジョウする。
②町の風景をカッシャする。
③平和をカツボウする。
④国から県へカンカツを移す。
⑤カッシャを使って持ち上げる。

B　演説のシュシが分かりづらい。　10
①尊敬するレキシ上の人物。
②講義のヨウシをまとめる。
③有名なシソウ家の考え。
④社会主義とシホン主義。
⑤多くの市民が新体制をシジする。

C　コウジョとは金銭を差し引くこと。　11
①失敗はセイコウの母なり。
②新しい家具をコウニュウする。
③深刻なコウガイ問題。
④コウソして再審査を求める。
⑤容疑者の身柄をコウソクする。

D　毎年、予算のセッショウを行う。　12

2024年度

解　答　と　解　説

《2024年度の配点は解答欄に掲載してあります。》

＜数学解答＞《学校からの正答の発表はありません。》

1　問1　①　　問2　①　　問3　⑥

2　問1　①　　問2　⑤

3　問1　④　　問2　④　　問3　②　　問4　⑤　　問5　(1)　⑤　　(2)　②
　問6　(1)　①　　(2)　⑤　　問7　(1)　⑥　　(2)　④　　(3)　⑥　　(4)　①

4　問1　③　　問2　①　　問3　①

○推定配点○

各5点×20　　計100点

＜数学解説＞

基本　1　(数・式の計算，平方根の計算)

問1　$(5+30)\times26\div2=455$

問2　$\sqrt{(25+2\sqrt{46})(25-2\sqrt{46})}=\sqrt{25^2-(2\sqrt{46})^2}=\sqrt{625-184}=\sqrt{441}=21$

問3　$\frac{1}{2\sqrt{6}}-\frac{\sqrt{3}}{3\sqrt{2}}+\frac{3\sqrt{2}}{2\sqrt{3}}=\frac{3}{6\sqrt{6}}-\frac{6}{6\sqrt{6}}+\frac{18}{6\sqrt{6}}=\frac{15}{6\sqrt{6}}=\frac{5}{2\sqrt{6}}=\frac{5\sqrt{6}}{12}$

2　(2次方程式，連立方程式)

問1　$x^2+(1-2\sqrt{3})x+3-\sqrt{3}=0$　二次方程式の解の公式から，$x=\frac{-(1-2\sqrt{3})\pm\sqrt{(1-2\sqrt{3})^2-4(3-\sqrt{3})}}{2}$ $=\frac{2\sqrt{3}-1\pm\sqrt{1-4\sqrt{3}+12-12+4\sqrt{3}}}{2}=\frac{2\sqrt{3}-1\pm1}{2}=\frac{2\sqrt{3}}{2}$，$\frac{2\sqrt{3}-2}{2}=\sqrt{3}$，$\sqrt{3}-1$

問2　$\frac{2}{3}x+y=2$から，両辺を3倍して，$2x+3y=6$…①　$\frac{11}{12}x+\frac{5}{8}y=2$から，両辺を24倍して，$22x+15y=48$…②　②－①×5から，$12x=18$，$x=\frac{18}{12}=\frac{3}{2}$　①に$x=\frac{3}{2}$を代入して，$2\times\frac{3}{2}+3y=6$　$3+3y=6$，$3y=3$，$y=1$

3　(連立方程式，数列，関数の変化の割合，角度，図形と関数・グラフの融合問題，空間図形の計量問題，平面図形の合同と相似)

問1　3つの連立方程式それぞれに，$x=3$，$y=-1$，$z=2$を代入して，$3a+b+2c=13$…①　$-2a+3b-c=-1$…②　$-b+5c=3$，$b=5c-3$…③　③を①，②に代入して，$3a+(5c-3)+2c=13$，$3a+7c=16$…④　$-2a+3(5c-3)-c=-1$，$-2a+14c=8$，$-a+7c=4$…⑤　④－⑤から，$4a=12$，$a=3$

問2　$a_{11}\times a_{13}=(2\times11-1)(2\times13-1)=21\times25=525$　$2n-1=525$から，$2n=526$，$n=263$

基本　問3　$\left(\frac{1}{3}\times8^2-\frac{1}{3}\times1^2\right)\div(8-1)=\left(\frac{64}{3}-\frac{1}{3}\right)\div7=\frac{63}{3}\div7=21\div7=3$　よって，$a=3$

問4　円に内接する四角形の対角の和は180°だから，∠DCB＝180°$-x$　AD//BCより，∠ADCの外角は180°$-x$　よって，∠ABC＝180°$-x$　∠ABC＋∠DCB＝144°から，$(180°-x)+(180°-x)=144°$，$360°-2x=144°$，$2x=216°$，$x=108°$

問5　(1)　(1，8)，(2，4)，(4，2)，(8，1)，(－1，－8)，(－2，－4)，(－4，－2)，(－8，－1)の8個

重要　(2)　直線ACの傾きは，$\frac{9}{21-(-3)}=\frac{9}{24}=\frac{3}{8}$　直線ACの式を$y=\frac{3}{8}x+b$として，

点Aの座標を代入すると，$0=\frac{3}{8}\times(-3)+b$，$b=\frac{9}{8}$　よって，直線ACの式は，$y=\frac{3}{8}x+\frac{9}{8}$　線分AC上にある格子点は，$(-3,\ 0)$，$(5,\ 3)$，$(13,\ 6)$，$(21,\ 9)$の4個　$D(-3,\ 9)$とすると，長方形ABCDの周，および内部にある格子点の数は，$(9-0+1)\times\{21-(-3)+1\}=250$　△ABCと△CDAの周，および内部にある格子点の数は同じ数で線分AC上の4点は共有するから，求める個数は，$(250+4)\div2=127$(個)

問6 (1)　四角形ABCDは正方形だから，$AC\perp OB$　ACとBOの交点をDとすると，$OD=\frac{OB}{2}=\frac{6\sqrt{2}}{2}=3\sqrt{2}$　展開図を組み立ててできる立体は三角錐で，面ABCを底面とすると，高さはODになる。よって，求める体積は，$\frac{1}{3}\times\frac{1}{2}\times6\times6\times3\sqrt{2}=18\sqrt{2}$　(2)　辺ACの中点Dが回転の中心となる。$BD=OD=3\sqrt{2}$　立体の辺BOの中点をEとすると，△ODBは直角二等辺三角形だから，$DE=\frac{3\sqrt{2}}{\sqrt{2}}=3$　求める面積は，半径BDの円の面積から，半径DEの円の面積をひいたものになるから，$\pi\times(3\sqrt{2})^2-\pi\times3^2=18\pi-9\pi=9\pi$

重要

重要　問7 (1)　同位角が等しいことから，EC//DA　よって，錯角は等しいので，$\angle CEA=\angle DAE=60^\circ-14^\circ=46^\circ$　2辺とその間の角が等しいので，△ACE≡△DCB　よって，$\angle ABD=\angle CBD=\angle CEA=46^\circ$　(2)　△ACE≡△DCB，△ACQ≡△DCR，△ECQ≡△BCRの3組　(3)　DA//EC，DC//EBから，△AQD∽△EQC，△PDA∽△PRE，△BER∽△DCR，△BEP∽△DQP，△BRC∽△BDA　直線DQとERは平行でないので，△QDPと△ERPは相似ではない。　(4)　DA//ECより，平行線と線分の比の定理から，QD：QC＝AD：EC＝3：1　よって，$QD=3\times\frac{3}{4}=\frac{9}{4}$

4 (図形と関数・グラフの融合問題)

基本　問1　$y=bx^2$に$(-2,\ -2)$を代入して，$-2=b\times(-2)^2$，$4b=-2$，$b=-\frac{1}{2}$

基本　問2　$C\left(p,\ -\frac{1}{2}p^2\right)$，$D(p,\ 2p^2)$　$CD=2p^2-\left(-\frac{1}{2}p^2\right)=2p^2+\frac{1}{2}p^2=\frac{5}{2}p^2$

重要　問3　$A(-p,\ 2p^2)$　$AD=p-(-p)=2p$　CD＝ADとなるとき，四角形ABCDは正方形になるから，$\frac{5}{2}p^2=2p$，$5p^2=4p$，$5p^2-4p=0$，$p(5p-4)=0$　$p>0$から，$p=\frac{4}{5}$

★ワンポイントアドバイス★

3問6(2)は，辺ACの中点をDとして，立体を△ODBを通る面で切断した切断面を作図して考えよう。

<英語解答>《学校からの正答の発表はありません。》

1	問1 ②	問2 ⑤	問3 ①	問4 ③	問5 ④			
2	問1 ③	問2 ②	問3 ①	問4 ⑤	問5 ⑤			
3	問1 ①	問2 ③	問3 ④	問4 ②	問5 ②			
4	問1 ③	問2 ④	問3 ④	問4 ⑤	問5 ②			
5	問1 ⑤	問2 ①	問3 ④	問4 ③	問5 ②			
6	問1 ②	問2 ①	問3 ④	問4 ⑤	問5 ③			
7	問1 ⑤	問2 ③	問3 ①	問4 ②	問5 ②	問6 ④	問7 ④	
	問8 ③	問9 ①	問10 ④					

○推定配点○

1～4　各2点×20　　5～7　各3点×20　　計100点

＜英語解説＞

基本 1 （発音）

問1　[id]と発音する。

問2　[ʌ]と発音する。

問3　[ai]と発音する。

問4　[ər]と発音する。

問5　[e]と発音する。

基本 2 （アクセント）

問1　③のみ第1音節に，それ以外は第2音節にアクセントがある。

問2　②のみ第1音節に，それ以外は第2音節にアクセントがある。

問3　①のみ第1音節に，それ以外は第2音節にアクセントがある。

問4　⑤のみ第2音節に，それ以外は第1音節にアクセントがある。

問5　⑤のみ第3音節に，それ以外は第2音節にアクセントがある。

3 （語句選択問題：熟語，不定詞）

問1　on foot「徒歩で」

問2　in order to～「～するために」

問3　leave for～「～に向かって出発する」

問4　hundreds of～「何百もの～」

問5　be crowded with～「～で混んでいる」

4 （単語，熟語）

問1　enter = go into「～に入る」

問2　try to get「手に入れようとする」=find out「見つけ出す」

問3　happy = glad「うれしい」

やや難 問4　prefer A to B「BよりAが好きだ」

問5　bring up「育てる」

重要 5 （語句整序問題：進行形，助動詞，不定詞，熟語）

問1　Ryo (is planning to visit the shrine).　plan to～「～することを計画する」

問2　Do you (know how to spell his first name)?　how to～「どのように～したらいいか」

問3　He (went to France to attend the meeting).　to attendは目的を表す不定詞の副詞的用法である。

問4　It's (difficult for us to understand the story).　<It is~for 人 to…>「人が…することは～だ」

問5　Our (plane will take off on time).　take off「離陸する」on time「時間通りに」

6 （会話文）

問1　A：こんにちは，パスポートを見せていただけますか？　B：もちろん。どうぞ。　A：ありがとうございます。どこに滞在する予定ですか？　B：ピーターバラに滞在します。そこに友達がいます。　何かを差し出すときにHere it is.「どうぞ」を用いる。

問2　A：ねぇ，聞いて！この映画がもうすぐ公開されるんだ。　B：本当に？それは素晴らしい！いつ見られるの？　A：今年の4月だよ。　Aさんが興奮してニュースを伝えようとしているためGuess what?「ねぇ，聞いて！」が適切である。

問3　A：先週の土曜日は何をしていましたか？　B：特に何も。　A：どうして？週末ずっと家にいたの？　B：はい，風邪をひいていました。　Bさんが特に何もしていなかったことを伝えているため Nothing special.「特に何も」が適切である。

問4　A：私は寿司を食べたことがありません。どれを勧めますか？　B：マグロを試してみてください。　A：英語で何ていうの？　B：マグロはツナです。　マグロを英語で言いかえていることから判断できる。

問5　A：幽霊を見たことがありますか？　B：はい，あります。　A：本当に？それについて教えてもらえますか？　B：彼女は小さな女の子で，悲しそうでした。　空欄の後でBさんが見た幽霊の説明をしていることから判断できる。

重要　7　（長文読解問題・説明文：内容吟味，指示語，英文和訳）

（全訳）　朝食は1日の中でア最も重要な食事だと言われている。あなたの体は，1日の始まりにバランスの取れた朝食を食べることで目覚め，体を動かすために必要なエネルギーを得ることができる。そのおかげでよりよく勉強もできるだろう。朝食を食べないと，ストレスを感じるだろう。それでは，今朝の朝食には何を食べたか？ご飯，パンそれともパンケーキ？多くの日本人が毎食ご飯を食べると思うかもしれないが，実はイそうではない。今日，すべての日本人が朝食にご飯を食べるわけではない。

最近では，日本の朝食のスタイルも多様化している。果物だけを食べる人もいれば，何も食べない人もいる。農林水産省によると，日本人の約34%が朝食にパンを食べ，16%がご飯を食べ，そして32%が何も食べないそうだ。ご飯よりもパンを食べる人の方が多い。

稲作は約3000年前に日本に伝わったと言われている。それ以前は，日本人は動物を狩り，木の実や果実を集めて食べていた。動物が捕れない日は，何も食べるものがなかった。稲作が始まったことで，人々の生活は変わり，より強く，より健康になった。

味噌は大豆から作られ，和食の基本的な要素の一つだ。平安時代には，味噌は裕福な人々だけが食べるものだった。鎌倉時代には寺で味噌が作られ，味噌汁が誕生した。その後，室町時代には人々の日常生活の中で味噌が使われ始めた。戦国時代には，味噌は戦場の兵士たちの食糧として使われた。豆腐も大豆から作られ，タンパク質，カルシウム，ビタミンBが豊富だ。豆腐は奈良時代に中国から伝わった。豆腐は肉や牛乳に比べて脂肪が少なく，カロリーが低いので健康的である。

1543年頃，パンがキリスト教や鉄砲とともに日本に伝わった。江戸時代の後期には，戦争中に兵士たちがパンを食べていた。パンは軽くて運びやすく，火を使わずに食べられるため，兵士たちにとって便利だった。火を使ってご飯を炊くと，敵に場所がばれることがあった。

その後，人々は白くて美味しいご飯を作るために米を磨くようになった。しかし，精米された米には問題があった。精白米と小さなおかずだけを食べていた人々は，ビタミンB1が不足して脚気になることがあった。最終的に，日本政府は人々に精白米だけでなく，大麦やパンも食べるように指導した。最初は日本人に不人気だったパンだが，あんぱんは1870年代に大ヒットした。多くの日本人が，パンを食べ始めた。

日本の食文化は第二次世界大戦後に大きく変わった。戦後，日本は全ての人々に十分な食料を提供することができなかった。子供たちは常に空腹だった。ウ彼らの命を守るために，GHQは子供たちにパンと牛乳を提供することにした。GHQは日本のために多くの規則を作った。その一つが食文化に関するものだった。GHQは日本に小麦，牛乳，肉を輸入するよう指示した。エこの結果，日本の食事は洋風化した。

2010年には，オ日本で初めてご飯よりもパンの消費量が多くなった。多くの人が朝食にコーヒーとともにパンと卵を食べるようになった。しかし，一方で和風の朝食も依然として人気がある。和食は世界中で注目を集めている。それでは，あなたは明日の朝食には何を食べるか？

問1　本文では，朝食が1日の始まりに必要なエネルギーを供給し，ストレスを減らし，勉強を助けることが述べられているが，パンとご飯の栄養バランスに関する記述はない。

問2　指示語は直前部分の「多くの日本人が毎食ご飯を食べる」を指している。

問3　稲作はキリスト教と一緒に日本に伝わったのではなく，約3000年前に伝わったと記述されている。

問4　本文には，味噌がタンパク質が豊富であるとの記述はない。

問5　第4段落第7文参照。豆腐は奈良時代に中国から伝わったと述べられている。

問6　第5段落最終文参照。兵士たちが火を使わずに食べられるため，敵に場所を知らせずに済むと述べられている。

問7　第6段落第4文参照。脚気を防ぐために日本政府が大麦やパンを推奨したと書かれているが，米を食べることを禁じたと述べられてはいない。

問8　不定詞の副詞的用法であるので「～するために」と訳せばよい。

問9　下線部は前文の「小麦や牛乳や肉を輸入するように日本に命じたこと」を指している。

問10　more bread than rice という記述からご飯よりもパンの方が多く食べられたとわかる。

★ワンポイントアドバイス★

発音・アクセント，英文法問題，長文読解と幅広い出題となっている。さまざまな問題集や過去問を用いて，同形式の問題に慣れるようにしたい。

＜国語解答＞《学校からの正答の発表はありません。》

一　問一　A ③　B ②　C ④　D ⑤　問二　A ③　B ①　問三　A ④
B ②　問四　A ⑤　B ②　C ④　D ③　E ①　問五　A ⑤
B ②　問六　A ④　B ①　問七　③　問八　②　問九　④

二　問一　④　問二　①　問三　④　問四　③　問五　②　問六　③　問七　①
問八　③　問九　④　問十　④

三　問一　①　問二　④　問三　③　問四　①　問五　④　問六　②
問七　G ②　H ①　問八　④　問九　②

○推定配点○

一　各2点×20　二・三　各3点×20　計100点

＜国語解説＞

一　（漢字の読み書き，画数，同義語，四字熟語，慣用句，品詞，文学史）

基本　問一　Aの音読みは「タイ」。熟語は「渋滞」など。Bの他の訓読みは「あらわ(す)。Cは国家や君主などにそむくこと。Dは実際に行うこと。

問二　Aは順に「イ」「日」「門」の後なので③。Bの「兆」部分はたて棒に点二つの後なので①。

問三　一つのことに熱心になるという意味のAの同義語は「没頭」。判断や価値の根拠となる物や数値という意味のBの類義語は「尺度」。

重要　問四　A＝円滑，①割譲②活写③渇望④管轄⑤滑車。B＝趣旨，①歴史②要旨③思想④資本⑤支持。C＝控除，①成功②購入③公害④控訴⑤拘束。D＝折衝，①商品②証明③衝突④承認⑤奨学。E＝看過，①看護②観戦③感覚④監督⑤関係。

問五　Aの⑤は正しくは「天地創造」。Bの②は正しくは「一挙両得」。

やや難 問六　Aの「耳がいたい」は聞くのがつらいことから。Bの「足を洗う」は修行僧が寺に入る前に外の世界の汚れを洗い清めることが由来といわれる。

問七　――線は，形容動詞「静かだ」の連体形。

問八　各作者の他の作品は，太宰治は『走れメロス』など，芥川龍之介は『羅生門』など，川端康成は『雪国』など，夏目漱石は『坊っちゃん』など。

問九　④のみ9画で，他はいずれも10画。

二　（論説文－大意・要旨，内容吟味，文脈把握，脱語補充，同義語）

重要 問一「三つ目は，……」で始まる段落で，「相手が慣れ親しんでいる言葉をこちらがその場で上手に使いこなすことができると，コミュニケーションは格段に深ま」り「自分の使うボキャブラリーが上手に相手の話す文脈に組み込まれると，会話が絡み合っている」と感じることを述べているので④が適当。この内容を踏まえていない他の選択肢は不適当。

問二　――線Bは「こちらの話をまったく聞いていないかのような話の持って行き方をする人」のことなので，「三つ目は，……」で始まる段落で述べているように，コミュニケーション力のある人のことである①はあてはまらない。

問三　――線Cは「自分の話は延々と時間をとって」「自分がどれだけボール(話す時間)を持っているのかを意識していない」ことで，皆で楽しむボールゲームと同様に「会話も意識的にまわさなくてはゲームにならない」と述べているので④が適当。ボールの持ち過ぎがゲームにならないことを意識していないということを説明していない他の選択肢は不適当。

問四　――線D・E・Fのある段落内容から，できあがった料理であるDは「会話」，素材であるEは「言葉」，一つにするものであるFは「文脈」をたとえているので③が適当。

問五　空欄Gは直後の段落で述べているように，話を繰り返すことなので②があてはまる。

問六　――線H直前で，高齢になっても相手の話に絡む形で織り込んでくる人はぼけてはいないと判断するのに対し，「若い人でも，話が絡まない場合には，『若いのにぼけているなあ』と感じる」と述べているので③が適当。高齢の人と比較していることを踏まえていない他の選択肢は不適当。

重要 問七　――線Iの説明として「もちろん年齢や……」から続く2段落で，「年齢や性別だけで」なく「相手の置かれている社会的な状況や関心事を瞬時に察知して，」「とりとめもない世間話をする」ことで「心の通い合う会話を交わすこと」ができることを述べているので①が適当。これらの内容を踏まえていない他の選択肢は不適当。

基本 問八　――線Jと③はいずれも，物事のはじまり，きっかけ，という意味。

問九　問七でも考察したように「誰とでもすぐに世間話ができる」ことは，コミュニケーション力が高いことなので④があてはまる。

やや難 問十　④は「相手が変わっても……」で始まる段落で述べている。①は「コミュニケーション力をはかる……」で始まる段落，②の「自分の話を上手に絡ませられる」は「若い人の……」で始まる段落，③は「会話の素材は，……」で始まる段落の内容といずれも合わないのであてはまらない。

三　（古文－内容吟味，文脈把握，脱語補充，口語訳，文学史）

〈口語訳〉　これも今となっては昔のことだが，ある僧が，人のもとへ呼ばれて行った。(その家の主人が)酒などを勧めたが，氷魚が初物として出回るようになったので，主人は珍しく思って，(氷魚を出して)もてなした。主人が用事で，家の中に入り，再び(僧のいる座敷に)戻ってみると，この氷魚が思った以上に少なくなっていたので，主人は，どうしたものかと思ったけれど，（僧にわざわざ)口にすべきことでもなかったので，雑談をしているうちに，この僧の鼻から氷魚が一匹ぷっと飛び出したので，主人は不審に思い，「あなたの鼻から氷魚が出てきたのは，どうしたことです」と言うと，(僧は)すかさず，「この頃の氷魚は目鼻から降ってくるのですよ」と言ったので，人々は「わっ」と笑った。

問一　――線Aは「氷魚はじめて出で来たりければ」に対するものなので①が適当。A直前の描写を踏まえていない他の選択肢は不適当。

問二　――線Bは，思った以上に，予想外に，という意味なので④が適当。

問三　――線Cの「いかに」は，どうしたものだろうか，という意味で，ためらいや心配を表すので③が適当。

重要　問四　――線Dは，氷魚が思った以上に少なくなっていたことを「口に出して言うまでもない」という主人の心情なので①が適当。D前の氷魚の状態と主人の心情を踏まえていない他の選択肢は不適当。

問五　空欄E後で「『この比の氷魚は目鼻より降り候ふなるぞ』」と僧が話していることから，Eには④があてはまる。

問六　――線Fは「この僧の……出でたりければ」に対するものなので②が適当。F直前の描写を踏まえていない他の選択肢は不適当。

重要　問七　――線Gは「あるじ」が僧に聞いたということ。Hは「僧」が言い訳をしたということ。

やや難　問八　――線Iは，主人が席を外した間にたくさんの氷魚を食べ，鼻から氷魚が一匹飛び出したことで「『この比の……』」と苦しい言い訳をした僧に対する人々の反応なので④が適当。①の「魚の専門家を装って」，②の「合理性に富んだ説明だったので……感心できた」，③の「深い反省をし始めた」はいずれも不適当。

基本　問九　鎌倉時代に成立したのは②。①・③は平安時代，④は江戸時代の成立。

★ワンポイントアドバイス★

古文では，主語が省略されることが多いので，文脈をしっかり確認しよう。

MEMO

大切なことはメモしておこうネ！

2023年度

★★★★★★★★★★★★★★★★★★★★★★★★

入　試　問　題

2023年度

横浜商科大学高等学校入試問題

【数　学】（40分）〈満点：100点〉

【注意】1　電卓・ものさし・コンパス・分度器を使用することはできない。

$\boxed{1}$ 次の式を計算しなさい。解答は各問いの解答群から1つ選びなさい。

問1 $\boxed{\ 1\ }$ $1+3+5+7+9+11+13+15+17+19+21+23+25+27$

① 100　② 121　③ 144　④ 169　⑤ 196　⑥ 225

問2 $\boxed{\ 2\ }$ $\sqrt{243}-\sqrt{27}-\sqrt{3}$

① $2\sqrt{3}$　② $3\sqrt{3}$　③ $4\sqrt{3}$　④ $5\sqrt{3}$　⑤ $6\sqrt{3}$　⑥ $7\sqrt{3}$

問3 $\boxed{\ 3\ }$ $2x-\dfrac{x+y}{2}-\dfrac{x-y}{2}$

① x　② y　③ $x+y$　④ $x-y$　⑤ $\dfrac{x+y}{2}$　⑥ $\dfrac{x-y}{2}$

問4 $\boxed{\ 4\ }$ $(-a^2b)^6\div(3a^4b^6)^3\times(-3ab^2)^7$

① $81a^7b^2$　② $-81a^7b^2$　③ $9a^2b^7$　④ $-9a^2b^7$　⑤ $3a^2b^7$　⑥ $-3a^7b^2$

$\boxed{2}$ 次の方程式を解きなさい。解答は各問いの解答群から1つ選びなさい。

問1 $\boxed{\ 5\ }$ $\dfrac{x-3}{12}-\dfrac{4x+5}{3}=\dfrac{3}{4}-\dfrac{8x+11}{6}$

① $x=-9$　② $x=9$　③ $x=-10$　④ $x=10$　⑤ $x=-11$　⑥ $x=11$

問2 $\boxed{\ 6\ }$ $3x^2-2x-15=0$

① $x=\dfrac{-1\pm\sqrt{46}}{6}$　② $x=\dfrac{-2\pm\sqrt{46}}{6}$　③ $x=\dfrac{1\pm\sqrt{47}}{6}$

④ $x=\dfrac{1\pm\sqrt{46}}{3}$　⑤ $x=\dfrac{-2\pm\sqrt{47}}{3}$　⑥ $x=\dfrac{-1\pm\sqrt{47}}{3}$

$\boxed{3}$ 次の各問いに答えなさい。解答は各問いの解答群から1つ選びなさい。

問1 $\boxed{\ 7\ }$ 1辺が3の正八角形の面積を求めなさい。

① 24　② $24\sqrt{3}$　③ $8(1+\sqrt{2})$

④ $8(1+\sqrt{3})$　⑤ $18(1+\sqrt{2})$　⑥ $18(1+\sqrt{3})$

問2 $\boxed{\ 8\ }$ $x^2+(1-2\sqrt{2})x+2-\sqrt{2}=(x-\sqrt{2})\times$ Pのとき，Pを求めなさい。

① $(x-\sqrt{2}+1)$　② $(x-\sqrt{2}-1)$　③ $(x+\sqrt{2}+1)$
④ $(x+\sqrt{2}-1)$　⑤ $(x-\sqrt{2}+2)$　⑥ $(x-\sqrt{2}-2)$

問3　[9]　$x=\dfrac{3+\sqrt{2}}{2}$，$y=\dfrac{3-\sqrt{2}}{2}$のとき，$(x-1)(y-1)$の値を求めなさい。

① $\dfrac{1}{2}$　② $-\dfrac{1}{2}$　③ $\dfrac{1}{3}$　④ $-\dfrac{1}{3}$　⑤ $\dfrac{1}{4}$　⑥ $-\dfrac{1}{4}$

問4　[10]　半径3の円に内接する正六角形の面積を求めなさい。

① $\dfrac{27\sqrt{3}}{2}$　② $\dfrac{27\sqrt{3}}{5}$　③ $\dfrac{27\sqrt{2}}{2}$　④ $\dfrac{27\sqrt{2}}{5}$　⑤ $\dfrac{9\sqrt{3}}{2}$　⑥ $\dfrac{9\sqrt{3}}{5}$

問5　[11]　2次方程式$2x^2+4x+a=0$の解の一つが$x=-1-\dfrac{\sqrt{14}}{2}$のとき，$a$の値を求めなさい。

① 3　② 4　③ 5　④ -3　⑤ -4　⑥ -5

問6　[12]　濃度10％の食塩水200gがある。これを水で薄めて4％の食塩水を作るには何gの水を加えればよいか求めなさい。

① 100g　② 150g　③ 200g　④ 250g　⑤ 300g　⑥ 350g

問7　[13]

右図のように，∠A＝86°である三角形ABCがある。∠Bおよび∠Cの外角の二等分線の交点を点Dとするとき∠BDCの大きさxを求めなさい。

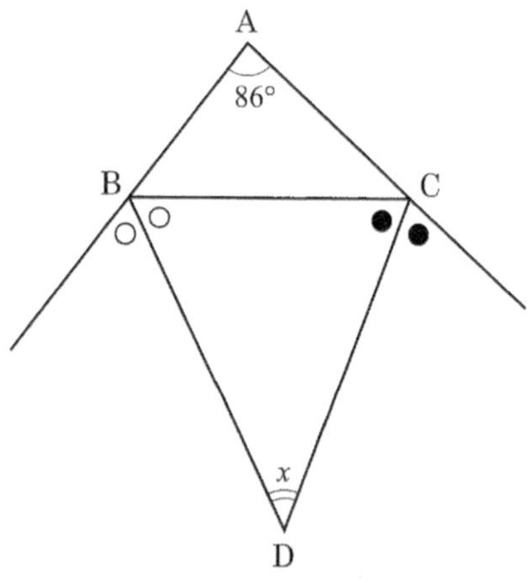

① 45°　② 46°　③ 47°　④ 48°　⑤ 49°　⑥ 50°

問8 14

右図のように，二等辺三角形ABCがあり，円は三角形ABCの内接円である。点D，点E，点Fは△ABCと内接円との接点である。内接円の半径を求めなさい。ただし，点Oは円の中心である。

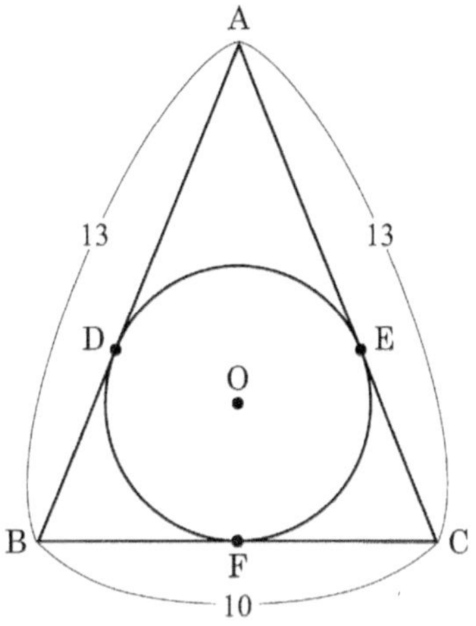

① 5　② $\frac{5}{2}$　③ $\frac{5}{3}$　④ $\frac{10}{3}$　⑤ $\frac{10}{7}$　⑥ 10

問9 15

右図において，AB，CD，EFがいずれも平行であり，AB＝7，CD＝3であるとき，線分EFの長さを求めなさい。

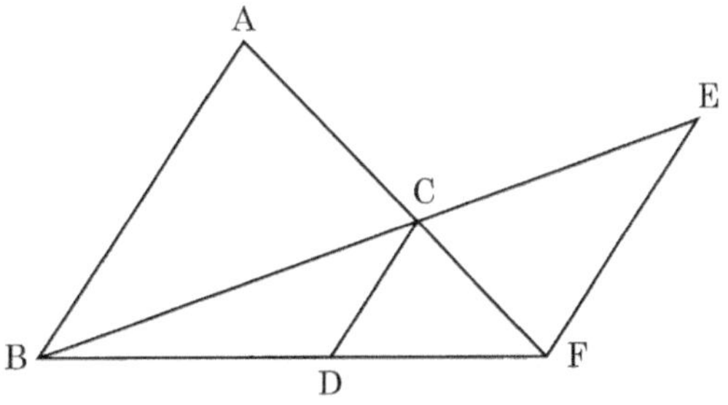

① $\frac{21}{4}$　② $\frac{21}{5}$　③ $\frac{25}{6}$　④ $\frac{23}{4}$　⑤ $\frac{23}{5}$　⑥ $\frac{23}{6}$

問10

右図において，1辺4の立方体を3点PQG(点P，点Qはそれぞれ辺BC，辺CDの中点)を通る平面で切断したときにできる頂点Cを含む三角すいについて以下の問いに答えなさい。

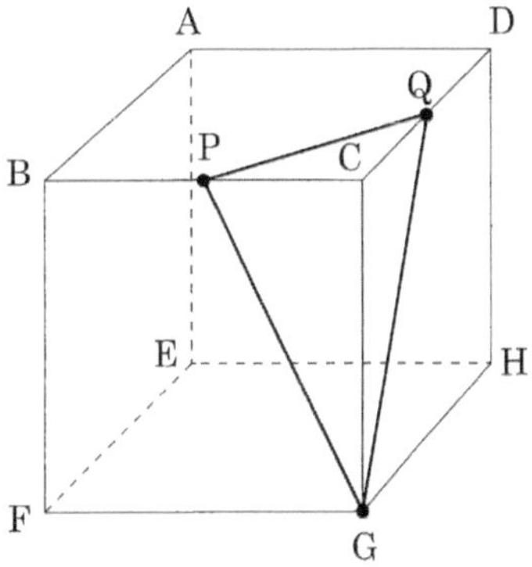

16 表面積を求めなさい。

① 16　② 17　③ 18　④ 19　⑤ 20　⑥ 21

17 点Cから面PQGにおろした垂線の長さを求めなさい。

① $\dfrac{1}{3}$　② $\dfrac{2}{3}$　③ $\dfrac{\sqrt{3}}{3}$　④ $\dfrac{4}{3}$　⑤ $\dfrac{2\sqrt{2}}{3}$　⑥ $\dfrac{2\sqrt{3}}{3}$

4 右図において，$y=ax^2$（aは定数）上の点を結んでできる折れ線OP_1，P_1P_2，P_2P_3，P_3P_4があり，線分OP_1，P_1P_2，P_2P_3，P_3P_4の傾きは1，-1を交互に繰り返したものとする。

また，P_1のy座標の値は2であり，$P_1Q \mathbin{/\!/} P_2P_3$，$P_1P_2 \mathbin{/\!/} QP_3$となるように点Qをとる。このとき以下の問いに答えなさい。解答は各問いの解答群から1つ選びなさい。

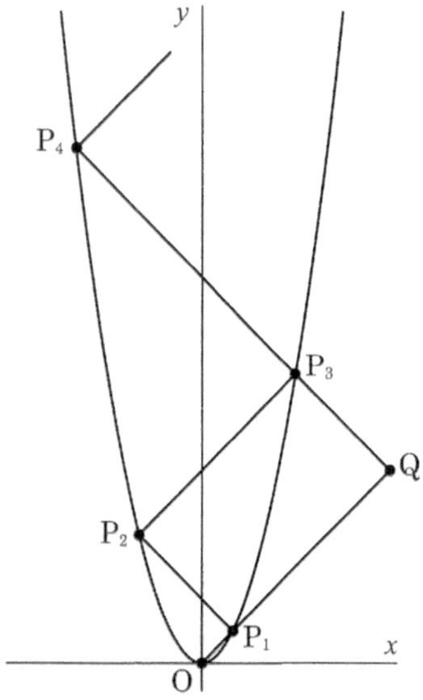

問1 **18** 点P_3の座標を求めなさい。

① (4, 16)　② (4, 8)　③ (6, 12)　④ (6, 18)　⑤ (8, 32)　⑥ (8, 18)

問2 **19** 点Qの座標を求めなさい。

① (7, 7)　② (8, 8)　③ (9, 9)　④ (10, 10)　⑤ (11, 11)　⑥ (12, 12)

問3 **20** 点(－1, 0)を通り，四角形$P_1P_2P_3Q$の面積を二等分する直線の式を求めなさい。

① $y=x+1$　② $y=x+2$　③ $y=2x+1$
④ $y=2x+2$　⑤ $y=3x+1$　⑥ $y=3x+2$

【英　語】（40分）〈満点：100点〉

1 次の各組の下線部の発音が，他と異なるものを1つ選びなさい。

問1 [1]

① grow　② how　③ know　④ tow　⑤ own

問2 [2]

① head　② speak　③ peace　④ reason　⑤ heat

問3 [3]

① earth　② heard　③ early　④ learn　⑤ heart

問4 [4]

① hospital　② hour　③ husband　④ how　⑤ hungry

問5 [5]

① climb　② bomb　③ thumb　④ tomb　⑤ symbol

2 次の各組の語の中で，最も強く発音する音節の位置が他と異なるものを1つ選びなさい。

問1 [6]

① guit-ar　② ho-tel　③ sweat-er　④ at-tack　⑤ de-sign

問2 [7]

① al-ways　② to-day　③ birth-day　④ an-swer　⑤ note-book

問3 [8]

① an-i-mal　② dif-fi-cult　③ res-tau-rant　④ news-pa-per　⑤ un-der-stand

問4 [9]

① vol-un-teer　② to-mor-row　③ im-por-tance　④ fan-tas-tic　⑤ re-mem-ber

問5 [10]

① bi-cy-cle　② hol-i-day　③ In-ter-net　④ i-de-a　⑤sci-en-tist

3 次の各文がほぼ同じ意味になるように（　　　）内に入る最も適切な語(句)の正しい組み合わせを一つ選びなさい。

問1 [11]

We ate lunch, and then we went to the stadium.

We went to the stadium (　　　) (　　　) lunch.

① by / eating　② on / eating　③ in / eating　④ before / eating　⑤ after / eating

問2 [12]

Mary plays tennis very well.

Mary is (　　　) (　　　) tennis.

① good / at　② well / at　③ better / play　④ able / to　⑤ going / to

問3 [13]

Tomoyuki didn't come to school today.

Tomoyuki (　　　) (　　　) from school today.

① can / absent　② isn't / absent　③was / absent
④ wasn't / absent　⑤ be / absent

問4 [14]

A lot of people visit Okinawa every year.
Okinawa is (　　　) (　　　) a lot of people every year.

① visit / by　② visited / by　③ visited / at　④ visited / of　⑤ visit / of

問5 [15]

Let's play baseball after school.
(　　　) (　　　) play baseball after school?

① Will / you　② Won't / you　③ Shall / I　④ Shall / we　⑤ Do / you

4 (　　　)内に入る最も適切なものを1つ選びなさい。

問1 [16]

Maggie speaks Japanese (　　　).

① good　② on　③ for　④ well　⑤ by

問2 [17]

Jason was watching TV (　　　) we visited his house.

① what　② who　③ why　④ where　⑤ when

問3 [18]

Hiroshi rode a train (　　　) Tokyo to Yokohama.

① off　② from　③ in　④ on　⑤ until

問4 [19]

I will go to a concert (　　　) Saturday.

① to　② at　③ on　④ into　⑤ for

問5 [20]

Jenny is (　　　) her friend on the phone.

① calling　② speaking　③ talking　④ saying　⑤ showing

5 意味の通る英文となるように (　　　)内の語句を並べ替え，その3番目と5番目になる組み合わせとして最も適切なものを選びなさい。ただし，文頭に来る語も小文字で表記してあります。

問1 [21]

I (ア like　イ next year　ウ Los Angeles　エ would　オ to　カ visit).

① エ・イ　② オ・ウ　③ ア・カ　④ ウ・オ　⑤ オ・カ

問2 [22]

Maki (ア runner　イ my class　ウ in　エ is　オ the　カ fastest).

① カ・ア　② ア・カ　③ イ・ア　④ カ・ウ　⑤ オ・ア

問3 [23]

I (ア that　イ movie　ウ was　エ this　オ heard　カ interesting).

① ア・イ　② カ・ア　③ エ・ウ　④ ウ・ア　⑤ オ・カ

問4 24

This (ア by イ an American ウ was エ book オ written カ scientist).

① イ・オ ② カ・オ ③ ア・カ ④ エ・オ ⑤ オ・イ

問5 25

I (ア who イ France ウ is エ have オ from カ a friend).

① ア・オ ② イ・ウ ③ ア・イ ④ ア・エ ⑤ エ・カ

6 各組の会話を完成させるために，（ ）に入る最も適切な文を1つ選びなさい。

問1 26

A：I want to visit New Zealand.

B：( )

A：Really? How was it?

B：It was a good trip. Sightseeing in Auckland was amazing.

① I love my life in New Zealand.
② I've been there before.
③ New Zealand foods are so tasty.
④ I don't like traveling.
⑤ Foreign countries are interesting.

問2 27

A：Hi, Mike! How's it going?

B：I have a headache.

A：( )

B：Thanks, I will.

① That's wonderful!
② I don't have a headache.
③ Hurry up and go to school.
④ You should go to a hospital.
⑤ You can do it!

問3 28

A：John, do you like movies?

B：Yes, I love them!

A：( )

B：I especially like action movies.

① What is the difference between movies and films?
② I sometimes watch Japanese movies.
③ Do you know the first Japanese actor in the U.S.?
④ I want to watch movies in foreign countries.
⑤ What kind of movies do you like?

問4 29

A：This young woman was my student.

B：What does she do now?

A：( )

B：Great! You must be proud of her.

① She sometimes goes to Tokyo.

② Her hobby is reading books.

③ She is a police officer.

④ She graduated from high school three years ago.

⑤ She will study English in London next year.

問5 30

A：Hi, Josh. How have you been?

B：I'm pretty good. I started my new job last week.

A：(　　　　　)

① Good for you!　　② You should get a new job.

③ You are welcome.　　④ Why not?

⑤ Here you are.

7 次の英文は高校生のアキラ(Akira)が祖父に英語で宛てたメールである。その英文を読んで以下の問いに答えなさい。

① Hi Granddad,

How are you? Dad told me that you had to go into hospital because you are not feeling well. I hope you are feeling better now.

② I am enjoying my *exchange program here in *Auckland, New Zealand. I am having a great time. I have made lots of friends and my English is really getting better. I have also grown seven centimeters. I'm still the shortest boy in my class but I am taller now than when I left Yokohama.

③ I have done many interesting things here in New Zealand. It has been so much fun! This week we went on a trip to *the island of Tiritiri Matangi. It is an *uninhabited island about seventy minutes by ferry from Auckland. I was a bit worried about going on the ferry because in *Maori, this island's name means "blown by the wind."I often feel sick on boats but we had very nice weather and I didn't have any problems.

④ Tiritiri Matangi is a *nature reserve. Many *native birds live on the island. It is a good place for them to live not only because there are no people on the island (　ア　) because there are no cats, dogs, or other animals. イ <u>To help</u> protect the birds and plants on the island, when we got off the boat, we had to wash our shoes very carefully.

⑤ Although I have been in New Zealand for four months, I still haven't seen a *Kiwi since I got there. They only come out at night and most of my New Zealand friends have only seen them in zoos. There are some Kiwis on Tiritiri Matangi but we didn't see ウ <u>them</u>. The guide, Andrew, who took our group around the island showed us where they walked on the beach the night before. We also saw some blue *penguins on the beach. They were so cute.

⑥ I thought a nature reserve would be quiet and peaceful but I was wrong. This island was very noisy. The whole time we were on the island, we could hear the birds singing. The sound of so many different kinds of birds singing all at once was very loud. I had to ask Andrew to repeat what he was saying several times because I could not hear him because of the birds. I made a recording of the birdsong on my phone. The file is too big to send by email but I want to play it for you when I get home.

⑦ The most amazing bird I saw on the island is a bird called the *Takahe. It has blue and black *feathers and a red *beak and legs. It looks strange and it is very big! The guide, Andrew, said that Takahe can *weigh five kilograms. They are so heavy that they cannot fly. My host mother was surprised to hear that I saw a Takahe. Like most other people in New Zealand, she has never seen **エ** one in the wild.

⑧ I look forward to telling you about the rest of my adventures in New Zealand when I get home in two months' time. I hope you feel better soon!

Akira

*exchange program　交換留学
*Auckland　オークランド(ニュージーランド北島にある都市)
*the island of Tiritiri Matangi　ティリティリ・マタンギ島(ニュージーランドの島)
*uninhabited island　無人島　　*Maori　マオリ語
*nature reserve　自然保護区　　*native　その土地固有の
*Kiwi　キーウィ(ニュージーランドの国鳥)　　*penguins　ペンギン
*Takahe　タカヘ(ニュージーランドに生息する鳥)　　*feathers　羽
*beak　くちばし　　*weigh　重さがある

問1　③の段落を読んで，以下の問いに対する最も適切な答えを1つ選びなさい。　31

Why did Akira worry when he visited the island of Tiritiri Matangi?

① Because Tiritiri Matangi is an uninhabited island.
② Because it takes a long time to get to Tiritiri Matangi.
③ Because he is afraid of getting on boats.
④ Because the name of the island made him afraid.
⑤ Because he always feels sick when he gets on boats.

問2　空欄(　**ア**　)に当てはまる最も適切なものを1つ選びなさい。　32

① so　② as soon as　③ but also　④ if　⑤ though

問3　下線**イ**と同じ用法を含む文を1つ選びなさい。　33

① It is very important for your future to study English.
② To use too much water is bad for the earth.

③ To see is to believe.

④ Please give me something hot to drink.

⑤ I went to the convenience store to buy some snacks and drinks.

問4 ④の段落を読んで，以下の問いの答えとして**適切でないもの**を1つ選びなさい。 34

Why is Tiritiri Matangi a good place for native birds to live?

① Because tourists don't visit the island.

② Because there are no cats and dogs on the island.

③ Because people don't live on the island.

④ Because people do good things to protect the birds and plants.

⑤ Because people who visit the island must wash their shoes.

問5 下線**ウ**の内容に最も近いものを1つ選びなさい。 35

① Andrew and New Zealand friends

② Kiwis

③ people on the island

④ many native birds

⑤ some blue penguins

問6 ⑥の段落を読んで，内容に**当てはまらないもの**を1つ選びなさい。 36

① Tiritiri Matangi Island is a nature reserve but it is noisy.

② People can hear many kinds of birds singing on the island.

③ Akira couldn't hear the birds singing because the island was very noisy.

④ Akira asked the guide to repeat what he was saying.

⑤ Akira recorded the song birds were singing but couldn't let his grandfather listen to it.

問7 下線**エ**の内容に最も近いものを1つ選びなさい。 37

① Kiwi

② a bird that is singing

③ a big and heavy bird that can't fly

④ Takahe

⑤ Akira's host mother

問8 ⑦の段落を読んで，内容に**当てはまらないもの**を1つ選びなさい。 38

① アキラもアキラのホストマザーもタカヘを見たことがない

② タカヘという鳥は体重が重くて飛べない

③ アンドリューはアキラのツアーガイドであり，タカヘの解説をしてくれた

④ タカヘという鳥の羽とくちばしは違う色をしている

⑤ タカヘはティリティリ・マタンギ島でアキラが最も驚いた鳥である

問9 ①〜④の段落を読んで，本文の内容と**一致しないもの**を1つ選びなさい。 39

① Akira's grandfather seemed to be sick.

② Akira is an exchange student in New Zealand from Yokohama and his English is getting better.

③ Akira is shorter than any other boy in his class but he is getting taller.

④ When Akira visited the island of Tiritiri Matangi, he felt sick because the boat was blown by the wind.

⑤ When Akira visited Tiritiri Matangi, he had to wash his shoes very carefully.

問10 ⑤～⑧の段落を読んで，本文の内容と**一致しないもの**を1つ選びなさい。 40

① Akira has not seen a Kiwi since he came to New Zealand.

② There are no Kiwis on the island of Tiritiri Matangi because it is very noisy.

③ Some of Akira's friends have seen Kiwi.

④ Most people in New Zealand have never seen wild Takahe.

⑤ Akira's host mother hasn't seen a Takahe in the wild but Akira did.

問七　――線G「言ひける」の主語として適当なものをひとつ選びなさい。　37

①法師　②かたへの人　③参りたる人　④先達

問八　この話は仁和寺の法師の失敗談ですが、その内容として適当なものをひとつ選びなさい。　38

①仁和寺の法師は、年老いた身体には徒歩での行程が過酷で目的地への参拝ができなかった。

②仁和寺の法師は、極楽寺・高良への参拝を本来の目的と思い込んで本殿には行かなかった。

③仁和寺の法師は、石清水の情報を持たずに一人で訪れ現地での正式な参拝順序を間違えた。

④仁和寺の法師は、信仰心を自慢したことで寺を留守にして遊興したことが仲間に知られた。

問九　作者の主張として適当なものをひとつ選びなさい。　39

①他人の意見に影響されないように自分で考えることが大切である。

②目的を達成させるには指導者になるぐらいの努力が必要である。

③どれほど小さなことであっても案内役というものは必要である。

④長く生きていると考え方を簡単には変えられないものである。

問十　本文の作品の作者を選びなさい。　40

①紫式部　②清少納言　③鴨長明　④兼好法師

みな山へ登ったのは、何事があったのでしょうか、

に山へ登りしは、何事かありけん、Eゆかしかりしかど、神へ参るこそ※本意なれと思ひて、F山までは見ずとぞG言ひける。

少しのことにも、※先達はあらまほしき事なり。

『徒然草』の文章による

（注）※仁和寺《にんなじ》・・・京都市右京区御室にある寺。
※石清水《いわしみず》・・・京都市八幡市男山の山上にある石清水八幡宮。
※極楽寺《ごくらくじ》・高良《こうら》・・・男山のふもとにあった、石清水八幡宮付属の極楽寺と高良神社。
※かたへの人・・・仲間、同僚。
※本意《ほい》・・・本来の目的。
※先達《せんだつ》・・・案内役・指導者。

問一 ——線A「心うく覚えて」とは「残念に思って」という意味ですが、その理由として適当なものをひとつ選びなさい。 31

①法師のため神社には行けなかったから。
②いっしょに行く友人に恵まれなかったから。
③仁和寺から石清水までは遠かったから。
④拝めないまま年老いてしまったから。

問二 ——線B「かばかりと心得て」の解釈として適当なものをひとつ選びなさい。 32

①極楽寺・高良をお参りして神仏からの恩恵は十分だと理解して
②極楽寺・高良をお参りして石清水は期待外れだと理解して
③極楽寺・高良をお参りして石清水には行くまでもないと理解して
④極楽寺・高良をお参りして石清水はここまでだと理解して

問三 ——線C「年ごろ思ひつること、果たし侍りぬ」の現代語訳として適当なものをひとつ選びなさい。 33

①忘れていた若いころの夢を思い出しました。
②長く修行をつづけた恩恵をいただきました。
③長年願いつづけたことをなしとげました。
④心にひっかかっていたものがなくなりました。

問四 ——線D「尊くこそおはしけれ」は「尊いご様子でした」という意味ですが、何が尊いのか適当なものをひとつ選びなさい。 34

①石清水　②極楽寺・高良
③かたへの人　④参りたる人

問五 ——線E「ゆかしかり」の内容にあてはまるものをひとつ選びなさい。 35

①もう一度神社にお参りしたい
②人々が山に登る理由を知りたい
③名産品を手に入れておきたい
④人々と石清水を拝みに行きたい

問六 ——線F「山までは見ず」はせりふの最後ですが、はじまりはどこからですか、ひとつ選びなさい。 36

①年ごろ思ひつること、果たし侍りぬ。
②聞きしにも過ぎて尊くこそおはしけれ。
③そも、参りたる人ごとに山へ登りしは、
④神へ参るこそ本意なれと思ひて、

て適当なものをひとつ選びなさい。 25

①E　また　H　たとえば　②E　しかし　H　つまり

③E　一方　H　むしろ　④E　ところで　H　むしろ

問六　空欄 F にあてはまるものとして適当なものをひとつ選びなさい。 26

①直観的　②論理的　③積極的　④感性的

問七　――線G「ハードとソフトの両面」の説明として適当なものをひとつ選びなさい。 27

①ことばの周辺的な面と感性的な面のこと。

②ことばの感覚と細かい神経のこと。

③ことばの意味とそれが示す対象のこと。

④ことばの意味と感覚による使い分けのこと。

問八　――線I「そういう音楽」とありますが、ここで言われている「音楽」に属さないものをひとつ選びなさい。 28

①ことばのリズム　②ことばの意味

③情熱　④人間そのもの

問九　――線J「センスを研ぎ澄ますことは、自分自身をよりよく表現することにつながる」理由として適当なものをひとつ選びなさい。 29

①話す相手には、ことばの微妙な感覚の違いを伝えようとする自分自身も伝わるから。

②ことばの意味の微妙な差を知ると、自分の考えを相手に伝えやすくなるから。

③教養や性格を磨くことで、自分自身のコミュニケーション能力が向上するから。

④日本語の使い方に関する知識を学ぶことが、良い人生を送ることにつながるから。

問十　本文の内容に合うものとして適当なものをひとつ選びなさい。 30

①人と話すときにはことばの奥底にある情熱が相手に真っ先に伝わる。

②日本人はことばの意味の微妙な違いについて理解する能力にたけている。

③人は人と話すとき意味と語感の二方向から最適のことばを選び出そうとする。

④日本人はコミュニケーションをするとき日本語の特性を最大限に生かす。

三

次の古文を読んであとの問いに答えなさい。解答番号 31 ～ 40 までは解答欄⑤は使用しません。

※仁和寺にある法師、年寄るまで※石清水を拝まざりければ、A心うく覚えて、ある時思ひ立ちて、ただひとり、かち《徒歩で》より詣でけり《参拝した。》。※極楽寺・高良などを拝みて、Bかばかりと心得て帰りにけり。

さて、※かたへの人にあひて、C年ごろ思ひつること、果たし侍りぬ。聞きしにも過ぎてD尊くこそおはしけれ。そも、参りたる人ごと《それにしても、参拝している人々が》

ういう音楽であり、その音楽の底を流れる情熱であり、情熱の奥に息づく人間そのものなのだと、かのニーチェ※は考えたようだ。

この〝ことばのある種の調子〟には、「語感」という言語の感性的側面も含まれる。話している相手には、ことばの意味だけでなく、ことばのリズムや微妙なニュアンスを伝えようとする自分自身も、同時に伝わる。どのようなことばを選んで表現するか、そこにセンスや教養、趣味、性格、態度、考え方といった、その人のすべてが反映する。

「語感」という表現の感性的な面を意識し、その微妙なニュアンスを感じとる J センスを研《と》ぎ澄ますことは、自分自身をよりよく表現することにつながるのである。

（中村明『日本語の「語感」練習帖』）

（注）※喜捨・・・寺社や困っている人に、進んで金品を寄付すること。
※醵金・・・ある目的のために金銭を出し合うこと。
※ニュアンス・・・色・音・調子・意味・感情などの微細な差異。
※妥当・・・よくあてはまること。
※ニーチェ・・・ドイツの哲学者。

問一 ――線**A**「円滑なコミュニケーション」を行う上で筆者が必要だと考えていることとして、あてはまらないものをひとつ選びなさい。 21

①相手の気持ちと状況を考えること。
②日本語の使い方を勉強すること。
③自分と他人は違うと意識すること。
④ことばのニュアンスの違いを知ること。

問二 ――線**B**「コミュニケーションは送り手と受け手との共同作業」とありますが、その理由として適当なものをひとつ選びなさい。 22

①送り手は受け手の学力に合わせて意味を調整し、受け手は送り手の意図を考えるから。
②送り手は受け手にわかりやすいように伝え、受け手は送り手の意志を表現するから。
③送り手は受け手の性格に応じてことばを変え、受け手は送り手の思いを察するから。
④送り手は受け手が理解できることばを選び、受け手は送り手の考えを推し量るから。

問三 ――線**C**「素材と手法の関係」の例として適当なものをひとつ選びなさい。 23

①相手への好意を古風な詩で表現する。
②モナリザを手本にして絵の勉強をする。
③虫眼鏡を使って珍しい昆虫をじっくり観察する。
④友人へのプレゼントを時間をかけて選ぶ。

問四 空欄 **D** にあてはまるものとして適当なものをひとつ選びなさい。 24

①恵まれない人々へ金銭を贈る
②美しい物を相手に提供する
③金品を贈ったり集めたりする
④複数の人間がお互いに協力する

問五 空欄 **E** ・ **H** にあてはまる言葉の組み合わせとし

とそれを受けとる側とが別の人間だということをうっかり忘れるところから、思わぬ誤解が生じ、A円滑なコミュニケーションがさまたげられる。

コミュニケーションの手段として、言語表現はけっして万全ではない。ことばを正しく伝えるためには、その時どきの場面に応じた相手の気持ちや状況を察し、受け手が解釈できる範囲内で意味を調整する必要がある。

つまり、ことばが通じるのは、受けとる側の人間がそれを手がかりにして、相手の表現しようとしている意図をくみとろうとするからだ。相手が理解しようとしてくれて、表現ははじめて通じる。その意味でBコミュニケーションは送り手と受け手との共同作業なのである。

コミュニケーションでは、さまざまなシーンで相手が何を表現しようとしているのかをとらえ、それに的確に対応することが必要だ。そのためには、日本語の使い方に関する基礎知識を思い返し、それを有効に働かせることである。

人はものごとを伝えようとするとき、二つの方向から最適のことばを選び出す。一つは「何を伝えるか」という意味内容で、もう一つは「それをどんな感じで相手に届けるか」という表現方法である。これは芸術におけるC素材と手法の関係に似ている。

たとえば「寄付」「寄贈」「寄進」「※喜捨《きしゃ》」「献金」「※醵金《きょきん》」「義援金」「寄付金」ということばは、[D]点では共通する。だが、それぞれの語の示す対象や範囲には、ずれがある。「時間」と「時刻」、「触れる」と「さわる」、「疲れる」と「くたびれる」、「美しい」と「きれい」のような似た意味のことばでも、※ニュアンスは微妙に異なり、用法にも違いがある。

[E]、「ふたご」と「双生児《そうせいじ》」、「あした」と「あす」と「明日《みょうにち》」などには、はっきりとした意味の差はほとんどない。だが、場面や状況によって、それぞれに適不適があり、感じの違いもある。

日本人は意味の微妙な差だけでなく、微細な感覚の違いによることばの使い分けにも細かく神経をつかってきた。この二つのうち前者を「意味」、後者を「語感」と呼ぶ。

「意味」は、「その語が何をさし示すか」という[F]な情報を伝えるハードの面で働き、「語感」は「その語が相手にどういう感触、印象、雰囲気を与えるか」という心理的な情報にかかわるソフトの面で働く。ハード面を中心的な意味、ソフト面を周辺的な意味と呼ぶこともある。

伝えたい内容を相手に送り届けるため、人は誰しも無意識のうちに、このGハードとソフトの両面からことばを選んで話したり書いたりしている。

言語感覚の鋭い人は、このハードとソフトの両面から、早く適切な語を選び出す。「何をさすか」という点で微妙な差のあることばから、この場合に※妥当《だとう》なものをいくつか取り出しつつ、それらのニュアンスの微妙な違いを読み取り、相手や場面、その他の条件に合ったもっともふさわしい一語を選んで、ぴたりと当てはめるのである。

話をしていて相手に真っ先に伝わるのは、ことばの意味よりも、[H]、ことばの奥にある調子であるという。人は何よりもまず、相手が語ることばのリズムやテンポ、音の強弱といった、ある種の調子を感じとる。相手の心に強く響くのは、ことばの背後に流れるIそ

②無断テンサイを禁止する。
③書類のケッサイを受ける。
④企業にサイヨウされる。
⑤有機サイバイで野菜を育てる。

E　新入社員のカンゲイ会を企画する。　13

①新入部員をカンユウする。
②植物にカンシンを持つ。
③ユウカンに戦う。
④人気女優の芝居をカンランする。
⑤勝利のカンセイがあがる。

問五　次の**A**・**B**の四字熟語の中で漢字に誤りのあるものをそれぞれひとつずつ選びなさい。

A　①絶体絶命　②暗中模索　③温厚徳実　14
④我田引水　⑤公明正大

B　①無我夢中　②一騎当千　③当意即妙　15
④明鏡止水　⑤針小膨大

問六　次の**A**・**B**の空欄に入る適当なことばをそれぞれひとつずつ選びなさい。

A　一線を［　］。　16
①損なう　②通す　③突く
④画する　⑤尽くす

B　策を［　］。　17
①講ずる　②埋める　③踏む
④果たす　⑤放つ

問七　次の文学者の作品をひとつ選びなさい。　18
宮沢賢治
①『一握の砂』　②『春と修羅』　③『みだれ髪』
④『邪宗門』　⑤『赤光』

問八　次の中から敬語の使い方が適当なものをひとつ選びなさい。　19
①もしご不明の点がございましたら伺ってください。
②父がおっしゃるとおりになさってください。
③これから兄が申しますことを聞いてください。
④先生の申してくれたお話は一生忘れません。
⑤お手紙をご拝読していただきありがとうございました。

問九　次の文章に用いられている修辞法として適当なものをひとつ選びなさい。　20
このまま何もせず、ただ見守るだけでよいのか。いや、何かしなくては。
①擬人法　②反語法　③倒置法　④直喩法　⑤反復法

二　**次の文章を読んであとの問いに答えなさい。なお、解答番号 21 ～ 30 までは解答欄⑤は使用しません。また、出題の都合上、本文には省略した部分があります。**

親しい友人や知人との対話、仕事での上司や先輩、同僚、取引先とのやりとり、世話になっている人や近隣の住人への心づかいを示す場面でもいい。人とコミュニケーションするときに痛切に感じるのは、「他人は自分ではない」という当たり前の事実だ。ことばを伝える側

【国語】（四〇分）〈満点：一〇〇点〉

一　次のそれぞれの問いに答えなさい。

問一　次のA～Dの漢字の読みとして適当なものをそれぞれひとつずつ選びなさい。

A　阻む　①かこ(む)　②こば(む)　③はば(む)　④いな(む)　⑤ねた(む)　1

B　被る　①やぶ(る)　②こうむ(る)　③あお(る)　④ちぎ(る)　⑤けず(る)　2

C　頻繁　①しんぱん　②ふんぱん　③てんぱん　④ぶんぱん　⑤ひんぱん　3

D　甘受　①こんじゅ　②あんじゅ　③じゅじゅ　④かんじゅ　⑤きょうじゅ　4

問二　次のA・Bの太く示してある部分は何画目に書きますか。それぞれひとつずつ選びなさい。

A　悩　①七画目　②八画目　③九画目　④十画目　⑤十一画目　5

B　善　①四画目　②五画目　③六画目　④七画目　⑤八画目　6

問三　次のA・Bの空欄に漢字を入れて対義語を作るとき、あてはまる漢字をそれぞれひとつずつ選びなさい。

A　需（　）――供給　①揚　②用　③要　④養　⑤容　7

B　大体――（　）細　①詳　②小　③少　④承　⑤証　8

問四　次のA～Eの――線のカタカナと同じ漢字を使うものをそれぞれひとつずつ選びなさい。

A　貴族のショウゴウを授ける。　9
①家にショウタイ状が届く。
②ショウミ期限が切れる。
③部屋のショウメイを変える。
④左右タイショウの絵図。
⑤優勝してヒョウショウされた。

B　ラジオ番組にトウコウする。　10
①音楽の才能でトウカクを現す。
②選挙でトウセン確実となる。
③自己をトウエイした作品。
④目的地にトウチャクする。
⑤地震対策をケントウする。

C　世の中に広くシントウした考え方。　11
①学術のシンコウに貢献する。
②家屋のシンスイは免れた。
③神仏をシンコウする。
④場内にコウシン曲が鳴り響く。
⑤シンミになって相談に乗る。

D　レンサイ小説で有名になった。　12
①発表会がカイサイされる。

2023年度

解 答 と 解 説

《2023年度の配点は解答欄に掲載してあります。》

＜数学解答＞

1 問1 ⑤ 問2 ④ 問3 ① 問4 ②

2 問1 ④ 問2 ④

3 問1 ⑤ 問2 ① 問3 ⑥ 問4 ① 問5 ⑥ 問6 ⑤ 問7 ③
問8 ④ 問9 ① 問10 16 ① 17 ④

4 問1 ④ 問2 ⑥ 問3 ④

○配点○
各5点×20 計100点

＜数学解説＞

基本 1 (数・式の計算，平方根の計算)

問1 $1+3+5+7+9+11+13+15+17+19+21+23+25+27=(1+27)+(3+25)+(5+23)+(7+21)+(9+19)+(11+17)+(13+15)=28\times7=196$

問2 $\sqrt{243}-\sqrt{27}-\sqrt{3}=9\sqrt{3}-3\sqrt{3}-\sqrt{3}=(9-3-1)\sqrt{3}=5\sqrt{3}$

問3 $2x-\dfrac{x+y}{2}-\dfrac{x-y}{2}=\dfrac{4x-(x+y)-(x-y)}{2}=\dfrac{4x-x-y-x+y}{2}=\dfrac{2x}{2}=x$

問4 $(-a^2b)^6\div(3a^4b^6)^3\times(-3ab^2)^7=a^{12}b^6\times\dfrac{1}{3^3a^{12}b^{18}}\times(-3^7a^7b^{14})=-3^4a^7b^2=-81a^7b^2$

2 (1次方程式，2次方程式)

問1 $\dfrac{x-3}{12}-\dfrac{4x+5}{3}=\dfrac{3}{4}-\dfrac{8x+11}{6}$ 両辺を12倍して，$x-3-4(4x+5)=9-2(8x+11)$ $x-3-16x-20=9-16x-22$ $x=10$

問2 $3x^2-2x-15=0$ 二次方程式の解の公式から，$x=\dfrac{-(-2)\pm\sqrt{(-2)^2-4\times3\times(-15)}}{2\times3}=\dfrac{2\pm\sqrt{184}}{6}=\dfrac{2\pm2\sqrt{46}}{6}=\dfrac{1\pm\sqrt{46}}{3}$

3 (面積，因数分解，式の値，2次方程式，方程式の応用問題，角度，内接円の半径，平行線と線分の比の定理，空間図形の計量問題)

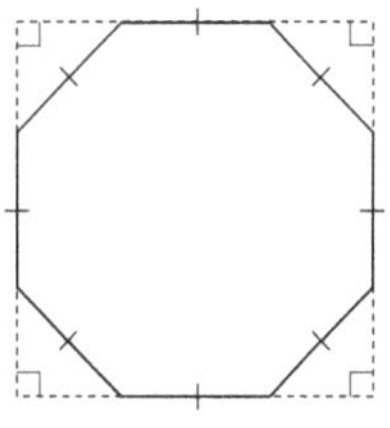

問1 右の図のように，正方形の面積から4つの直角二等辺三角形の面積をひくと考える。正方形の一辺の長さは，$3+\dfrac{3}{\sqrt{2}}\times2=3+\dfrac{6\sqrt{2}}{2}=3+3\sqrt{2}$ よって，求める面積は，$(3+3\sqrt{2})^2-\dfrac{1}{2}\times\dfrac{3}{\sqrt{2}}\times\dfrac{3}{\sqrt{2}}\times4=9+18\sqrt{2}+18-9=18+18\sqrt{2}=18(1+\sqrt{2})$

重要 問2 $P=x+a$とおくと，$(x-\sqrt{2})\times P=(x-\sqrt{2})(x+a)=x^2+(-\sqrt{2}+a)x-\sqrt{2}a$ $x^2+(1-2\sqrt{2})x+2-\sqrt{2}=x^2+(-\sqrt{2}+a)x-\sqrt{2}a$ xの係数から，$1-2\sqrt{2}=-\sqrt{2}+a$ $a=-\sqrt{2}+1$ よって，$P=x-\sqrt{2}+1$

問3 $(x-1)(y-1)=xy-(x+y)+1=\dfrac{3+\sqrt{2}}{2}\times\dfrac{3-\sqrt{2}}{2}-\left(\dfrac{3+\sqrt{2}}{2}+\dfrac{3-\sqrt{2}}{2}\right)+1=\dfrac{9-2}{4}-\dfrac{6}{2}+1=$

$\frac{7}{4}-3+1=\frac{7}{4}-2=-\frac{1}{4}$

問4　半径3の円に内接する正六角形の面積は，一辺の長さが3の正三角形の面積の6つ分だから，$\frac{1}{2}\times3\times3\times\frac{\sqrt{3}}{2}\times6=\frac{27\sqrt{3}}{2}$

問5　$2x^2+4x+a=0$　二次方程式の解の公式から，$x=\frac{-4\pm\sqrt{4^2-4\times2\times a}}{2\times2}=\frac{-4\pm\sqrt{16-8a}}{4}=\frac{-4\pm\sqrt{4(4-2a)}}{4}=\frac{-4\pm2\sqrt{4-2a}}{4}=-1\pm\frac{\sqrt{4-2a}}{2}$　$4-2a=14$から，$2a=-10$　$a=-5$

問6　加える水の量をxgとすると，食塩の量の関係から，$(200+x)\times\frac{4}{100}=200\times\frac{10}{100}$　$800+4x=2000$　$4x=1200$　$x=300$　よって，300g

問7　外角の和の関係から，$(180°-86°)+2$○$+2$●$=360°$　$2($○$+$●$)=266°$　○$+$●$=133°$　△DBCにおいて内角の和の関係から，$x=180°-133°=47°$

問8　AF⊥BC　△ABCは二等辺三角形なので，$\mathrm{BF}=\frac{10}{2}=5$　△ABFにおいて三平方の定理を用いると，$\mathrm{AF}=\sqrt{13^2-5^2}=\sqrt{144}=12$　AD＝AB－BD＝AB－BF＝13－5＝8　求める円の半径を$r$cmとする。△ADO∽△AFBから，AD：AF＝DO：FB　8：12＝r：5　$12r=40$　$r=\frac{40}{12}=\frac{10}{3}$

問9　平行線と線分の比の定理から，FD：FB＝CD：AB＝3：7　CD：EF＝BD：BF　3：EF＝(7－3)：7＝4：7　$\mathrm{EF}=\frac{3\times7}{4}=\frac{21}{4}$

重要　問10　$\mathrm{CP}=\mathrm{CQ}=\frac{4}{2}=2$　△CPQは直角二等辺三角形だから，$\mathrm{PQ}=2\sqrt{2}$　GP＝GQ＝$\sqrt{2^2+4^2}=\sqrt{20}=2\sqrt{5}$　点GからPQへ垂線GIをひくと，△GPQは二等辺三角形だから，$\mathrm{PI}=\frac{2\sqrt{2}}{2}=\sqrt{2}$　$\mathrm{GI}=\sqrt{(2\sqrt{5})^2-(\sqrt{2})^2}=\sqrt{18}=3\sqrt{2}$　△GPQ＝$\frac{1}{2}\times2\sqrt{2}\times3\sqrt{2}=6$，△CPQ＝$\frac{1}{2}\times2\times2=2$，△GCP＝△GCQ＝$\frac{1}{2}\times2\times4=4$　よって，求める表面積は，△GPQ＋△CPQ＋△GCP＋△GCQ＝6＋2＋4×2＝16　点Cから△GPQへ垂線CJをひくと，三角錐G－CPQの体積の関係から，$\frac{1}{3}\times6\times\mathrm{CJ}=\frac{1}{3}\times2\times4$　$\mathrm{CJ}=\frac{8}{6}=\frac{4}{3}$　よって，求める垂線の長さは$\frac{4}{3}$

4　(図形と関数・グラフの融合問題)

問1　直線$\mathrm{OP_1}$の式は，$y=x$　よって，$\mathrm{P_1}(2,\ 2)$　$y=ax^2$に点$\mathrm{P_1}$の座標を代入して，$2=a\times2^2$　$4a=2$　$a=\frac{1}{2}$　よって，放物線の式は，$y=\frac{1}{2}x^2$…①　直線$\mathrm{P_1P_2}$の式を$y=-x+b$として点$\mathrm{P_1}$の座標を代入すると，$2=-2+b$　$b=4$　よって，直線$\mathrm{P_1P_2}$の式は，$y=-x+4$…②　①と②からyを消去して，$\frac{1}{2}x^2=-x+4$　$x^2=-2x+8$　$x^2+2x-8=0$　$(x+4)(x-2)=0$　$x=-4,\ 2$　②に$x=-4$を代入すると，$y=-(-4)+4=8$　よって，$\mathrm{P_2}(-4,\ 8)$　直線$\mathrm{P_2P_3}$の式を$y=x+c$として点$\mathrm{P_2}$の座標を代入すると，$8=-4+c$　$c=12$　よって，直線$\mathrm{P_2P_3}$の式は，$y=x+12$…③　①と③からyを消去すると，$\frac{1}{2}x^2=x+12$　$x^2=2x+24$　$x^2-2x-24=0$　$(x+4)(x-6)=0$　$x=-4,\ 6$　③に$x=6$を代入して，$y=6+12=18$　よって，$\mathrm{P_3}(6,\ 18)$

問2　$\mathrm{P_1P_2}//\mathrm{QP_3}$から，点Qの$x$座標を$q$とすると，$q-6=2-(-4)$　$q=12$　点Qは$y=x$上の点だから，Q(12，12)

重要　問3　四角形$\mathrm{P_1P_2P_3Q}$は平行四辺形だから，対角線の中点を通る直線は四角形の面積を二等分する。$\mathrm{P_1P_3}$の中点をRとすると，$\frac{2+6}{2}=4$，$\frac{2+18}{2}=10$から，R(4，10)　(－1，0)と(4，10)を通る直線の傾きは，$\frac{10}{4-(-1)}=\frac{10}{5}=2$　$y=2x+d$に(－1，0)を代入して，$0=2\times(-1)+d$　$d=2$　よって，求める直線の式は，$y=2x+2$

★ワンポイントアドバイス★

3問8は，△AODにおいて三平方の定理を用いて求めることもできる。$AO^2=AD^2+OD^2$から，$(12-r)^2=8^2+r^2$，$144-24r+r^2=64+r^2$，$24r=80$，$r=\frac{80}{24}=\frac{10}{3}$

＜英語解答＞

1	1 ②	2 ①	3 ⑤	4 ②	5 ⑤			
2	6 ③	7 ②	8 ⑤	9 ①	10 ④			
3	11 ⑤	12 ①	13 ③	14 ②	15 ④			
4	16 ④	17 ⑤	18 ②	19 ③	20 ①			
5	21 ②	22 ④	23 ③	24 ⑤	25 ①			
6	26 ②	27 ④	28 ⑤	29 ③	30 ①			
7	31 ④	32 ③	33 ⑤	34 ①	35 ②	36 ③	37 ④	38 ①
	39 ④	40 ②						

○配点○

7　各4点×10　　他　各2点×30　　計100点

＜英語解説＞

1 （発音）

問1　②は[au]，他は[ou]。　問2　①は[e]，他は[iː]。　問3　⑤は[ɑːr]，他は[əːr]。

問4　②は発音しない，他は[h]。　問5　⑤は[b]，他は発音しない。

2 （アクセント）

問1　③は第1音節，他は第2音節を強く読む。　問2　②は第2音節，他は第1音節。

問3　⑤は第3音節，他は第1音節。　問4　①は第3音節，他は第2音節。

問5　④は第2音節，他は第1音節。

基本 3 （言い換え・書き換え：前置詞，動名詞，熟語，受動態，助動詞）

問1　「私たちは昼食を食べ，それからスタジアムへ行った」「私たちは昼食を食べた後にスタジアムへ行った」 after ~ing「～した後に」

問2 「メアリーはとても上手にテニスをする」「メアリーはテニスが得意だ」 be good at ～「～が上手だ，得意だ」

問3 「トモユキは今日学校に来なかった」「トモユキは今日学校を欠席した」 be absent from ～「～を欠席している」 be 動詞は過去形の was とする。

問4 「毎年多くの人が沖縄を訪れる」「沖縄は毎年多くの人に訪れられている」 能動態から受動態「～される」への書き換え。動詞部分を＜ be 動詞＋過去分詞＞にする。

問5 「放課後野球をしよう」「放課後野球をしませんか」 Shall we ～？「～しませんか」

基本 4 （語句補充・選択：単語，接続詞，前置詞）

問1 「マギーは日本語を上手に話す」 well「上手に」

問2 「ジェイソンは私たちが彼の家を訪問した時，テレビを見ていた」 when は時を表す接続詞。

問3 「ヒロシは東京から横浜まで電車に乗った」 from ~ to …「~から…へ」

問4 「私は土曜日にコンサートへ行く予定だ」 < on +曜日>「~曜日に」

問5 「ジェニーは友達に電話をかけている」 call「(人)に電話をかける」「電話で~と話す」という場合，talk with ~ on the phone となるので，③は talking with であれば正しい。

重要 5 (語句整序：助動詞，比較，接続詞，受動態，関係代名詞)

問1 (I) would like to visit Los Angeles next year.「私は来年ロサンゼルスを訪問したい」 <would like to +動詞の原形>「~したい」 visit「~を訪問する，訪れる」

問2 (Maki) is the fastest runner in my class.「マキは私のクラスで最も走るのが速い」 < the +最上級+ in +場所>「…で最も~」

問3 (I) heard that this movie was interesting.「私はこの映画はおもしろいと聞いた」 I hear that ~「~と聞いている，~だそうだ」を過去形にした文。that は「~ということ」を表す接続詞。

問4 (This) book was written by an American scientist.「この本はアメリカ人科学者によって書かれた」 受動態<be 動詞+過去分詞+ by —>「－によって~される」

問5 (I) have a friend who is from France.「私はフランス出身の友人がいる」 who は主格の関係代名詞で who is from France「フランス出身だ」が friend を後ろから修飾する。

基本 6 (対話文完成：口語表現)

問1 A：私はニュージーランドを訪問したい。／B：私は前に行ったことがあるよ。／A：本当？ どうだった？／B：良い旅行だったよ。オークランドの観光は素晴らしかった。

問2 A：こんにちは，マイク！ 調子はどう？／B：僕は頭が痛いよ。／A：あなたは病院へ行くべきよ。／B：ありがとう，そうするよ。

問3 A：ジョン，あなたは映画が好き？／B：うん，大好きだよ！／A：どんな種類の映画が好き？／B：僕は特にアクション映画が好きだよ。

問4 A：この若い女性は私の生徒だったの。／B：彼女は今何をしているの？／A：警察官よ。／B：素晴らしい！ あなたはきっと彼女を誇らしく思っているだろうね。

問5 A：こんにちは，ジョッシュ。調子はどうだった？／B：かなりいいよ。僕は先週，新しい仕事を始めたよ。／A：それは良かったね！ Good for you!「良かったね！」は相手から良い知らせを聞いた時に言う言葉。

7 (長文読解問題・手紙文：英問英答，内容吟味，語句補充・選択，熟語，不定詞，指示語，内容一致)

(全訳) ① こんにちは，おじいちゃん。元気ですか？ 父さんがおじいちゃんの具合が良くないため，入院しなくてはならないと言っていました。今は具合が良くなっているといいのですが。
② 僕はここ，ニュージーランドのオークランドで交換留学を楽しんでいます。僕は素晴らしい時間を過ごしています。たくさんの友達ができ，僕の英語は本当に上達しています。また，身長が7cm伸びました。それでも僕はクラスで最も背が低い男子ですが，横浜を出発した時よりも今のほうが背が高いです。 ③ 僕はここニュージーランドでたくさんのおもしろいことをしました。すごく楽しいです！ 今週，僕たちは旅行でティリティリ・マタンギ島に行きました。それはオークランドからフェリーで約70分の無人島です。僕はフェリーで行くことを少し心配していました，なぜならマオリ語でこの島の名前は「風に吹かれる」という意味なのです。僕はよく船酔いするけれど，とても天気が良くて何の問題もありませんでした。 ④ ティリティリ・マタンギ島は自然

保護区です。多くの固有の鳥がその島にすんでいます。その島には人間がいないアだけでなく猫，犬，その他の動物もいないため，そこは彼らにとって住むのに良い場所です。島の鳥や植物を守るイため，僕たちは船を降りる時に，丁寧に自分たちの靴を洗わなくてなりませんでした。　⑤　僕は4か月間ニュージーランドにいるけれども，ここに到着してからまだキーウィを見ていません。彼らは夜に出てくるだけなので，僕のニュージーランドの友達のほとんどが彼らを動物園で見たことがあるだけです。ティリティリ・マタンギ島にはキーウィがいますが，僕たちはウ彼らを見ませんでした。僕たちのグループに島を案内してくれたガイドのアンドリューは，その前の晩に彼らが砂浜を歩いた場所を見せてくれました。僕たちはその砂浜で青いペンギンもみました。とてもかわいかったです。　⑥　僕は自然保護区は静かで穏やかだろうと思っていましたが，それは間違いでした。この島はとても騒がしかったです。島にいる間中，鳥が鳴いているのが聞こえました。様々な種類のたくさんの鳥が一斉に鳴く音は，とても大きかったです。僕はアンドリューに話していることを繰り返すよう，何度かお願いしなくてはなりませんでした，なぜなら鳥のせいで彼の言うことが聞こえなかったからです。僕は電話で鳥の鳴き声を録音しました。ファイルが大きすぎてメールで送れませんが，僕が帰国したらそれをおじいちゃんに再生したいと思います。　⑦　その島で僕が見た最も素敵な鳥はタカへという鳥です。それは青と黒の羽を持ち，赤いくちばしと脚をしています。それは奇妙に見えて，とても大きいのです！　ガイドのアンドリューはタカへは5キロの重さになることもあると言っていました。彼らは重すぎて飛べません。僕のホストマザーは，僕がタカへを見たと聞いて驚きました。ニュージーランドのほとんどの人と同様に，彼女も野生でエそれを見たことがありません。　⑧　僕は2か月後に帰国した時に，ニュージーランドの僕の残りの冒険についておじいちゃんに話すことを楽しみにしています。早く元気になってね！　　　アキラ

基本　問1 「アキラはティリティリ・マタンギ島を訪れた時になぜ心配だったのか」 ④「その島の名前が彼を怖がらせたから」 ③の段落の最後の2文参照。その島が「風に吹かれる」(＝風が強い)という名前だったので，アキラは風のせいで船が揺れて船酔いするかもしれない，と不安になった。

問2　not only A but also B「AだけでなくBも」 ここではABそれぞれの箇所に because 節が入っており，「Aだからだけではなく，Bだからでもある」という意味になる。

重要　問3　イは目的を表す副詞的用法の不定詞で⑤が同じ用法。①～③は名詞的用法，④は形容詞的用法である。

問4 「なぜティリティリ・マタンギ島は固有の鳥たちにとってすむのに良い場所なのか」 ①「観光客がその島を訪れないから」(×)　アキラたちのように観光客はその島に行くことができるので①は不適切。

問5　下線部ウの同文前半の Kiwis を指す。

重要　問6　③「その島がとても騒がしかったので，アキラは鳥の鳴き声を聞くことができなかった」(×)その島は鳥の鳴き声で騒がしく，アキラはガイドの言うことがよく聞こえなかった。

問7　下線部エの前文の a Takahe を指す。

重要　問8　①が誤り。⑦の段落の最後の2文参照。アキラはタカへを見た。また，ホストマザーは野生のタカへを見たことがない，と書かれており，動物園などで見たことがあると推測される。

問9　④「アキラがティリティリ・マタンギ島を訪れた時，船が風に吹かれたため，気分が悪くなった」(×)　③の段落最終文参照。天気が良かったため，何も問題がなかった，と書かれている。天気が良くて風がなかったため，船が揺れず，船酔いもしなかった。

問10　②「ティリティリ・マタンギ島にはキーウィはいない，なぜならとても騒がしいからだ」(×)　下線部ウを含む文参照。キーウィはティリティリ・マタンギ島にいる。

★ワンポイントアドバイス★

7の長文読解問題は，島の名前や鳥の名前になじみがなく，難しく感じられるが，文章自体は難解なものではないので，落ち着いて読もう。

＜国語解答＞

一　問一　A　③　B　②　C　⑤　D　④　問二　A　①　B　③　問三　A　③　B　①　問四　A　④　B　③　C　②　D　②　E　⑤　問五　A　③　B　⑤　問六　A　④　B　①　問七　②　問八　③　問九　②

二　問一　②　問二　④　問三　①　問四　③　問五　③　問六　②　問七　④　問八　②　問九　①　問十　③

三　問一　④　問二　④　問三　③　問四　①　問五　②　問六　①　問七　①　問八　②　問九　③　問十　④

○配点○

一　各2点×20　二・三　各3点×20　計100点

＜国語解説＞

一　（漢字の読み書き，画数，語句の意味，対義語，四字熟語，慣用句，敬語，文学史）

基本　問一　Aの音読みは「ソ」。熟語は「阻止」など。Bの音読みは「ヒ」。熟語は「被害」など。Cはしきりに行われること。Dはこころよく受け入れること。

問二　Aの「ツ」の後は「メ」で「ノ」「メ」の順に書く。Bの三～五画で横棒の後，たて棒を書く。

問三　提供するという意味のAの対義語は，必要とするという意味の「需要」。おおよそという意味のBの対義語は，細かい点まで詳しいという意味の「詳細」。

重要　問四　A＝称号，①招待②賞味③照明④対称⑤表彰。B＝投稿，①頭角②当選③投影④到着⑤検討。C＝浸透，①振興②浸水③信仰④行進⑤親身。D＝連載，①開催②転載③決裁④採用⑤栽培。E＝歓迎，①勧誘②関心③勇敢④観覧⑤歓声。

問五　Aの③は正しくは「温厚篤実」。Bの⑤は正しくは「針小棒大」。

やや難　問六　Aの「一線を画する」は境界をはっきりさせること。Bの「策を講ずる」は方法や対策を考えること。

問七　他の作品の作者は，①は石川啄木，③は与謝野晶子，④は芥川龍之介，⑤は斎藤茂吉。

問八　主語が自分の「兄」で謙譲語を使っている③は適当。①の「伺って」は謙譲語なので，尊敬語の「お尋ね」「お聞き」などが正しい。②の「おっしゃる」は尊敬語なので，謙譲語の「申す」が正しい。④の「申して」は謙譲語なので，尊敬語の「おっしゃって」が正しい。⑤の「ご拝読して」は謙譲語なので，尊敬語の「お読み」「ご覧」などが正しい。

問九　「……よいのか」という形で，言いたいことと反対の内容を疑問の形で述べているので②が適当。他は，①は人ではないものを人に見立てて表現すること，③は文節などを普通の順序とは逆にすること，④は「～ように」などを用いてたとえること，⑤は同じ語句をくりかえすこと。

二 (論説文ー大意・要旨，内容吟味，文脈把握，指示語，脱文・脱語補充)

問一 ――線Aの説明として，①はA直後の段落，③はA直前の段落，④は「人はものごと……」から続く2段落で述べているが，②は述べていないのであてはまらない。

重要 問二 ――線Bの段落と直前の段落でBの理由として，「ことばを正しく伝えるためには……受け手が解釈できる範囲内で意味を調整する必要があ」り，「受けとる側の人間が……意図をくみとろうとするから」と述べているので④が適当。これらの段落内容をふまえていない他の選択肢は不適当。

問三 ――線Cは，「ものごとを伝えようとするとき」「何を伝えるか」と「それをどんな感じで相手に伝えるか」という「二つの方向から最適のことばを選び出す」ことなので①が適当。「ものごとを伝えようとするとき」をふまえていない他の選択肢は不適当。

問四 空欄Dは，直前のことばに共通していることなので③が適当。①も「贈る」とあるが，贈る人を「恵まれない人々」と限定しているので不適当。

問五 空欄Eは直前の内容と対比させる内容が続いているので「一方」，Hは直前の内容より直後の内容であるという意味で「むしろ」がそれぞれあてはまる。

基本 問六 空欄Fは，理屈に合っているさまという意味の②があてはまる。①は感覚だけで判断するさま。③は自ら進んで行うさま。④は心に深く感じ取るさま。

問七 ――線Gは「ことば」のことで，「ハード」は「意味」，「ソフト」は「語感」のことなので④が適当。G直前の段落内容をふまえていない他の選択肢は不適当。

問八 ――線Iの段落で，相手に伝わるのは「ことばの意味」よりも，相手が語ることばの「リズム」といった，ことばの背後に流れるIであり，Iの底を流れる「情熱」，情熱の奥に息づく「人間そのもの」だということを述べているので，②は属さない。

重要 問九 ――線J直前の段落でJの理由として「話している相手には……ことばのリズムや微妙なニュアンスを伝えようとする自分自身も，同時に伝わ」り，「……その人のすべてが反映する」と述べているので①が適当。J直前の段落内容をふまえていない他の選択肢は不適当。

やや難 問十 ③は「人はものごとを……」から続く6段落で述べている。①の「真っ先に」，②の「たけている」，④の「最大限に生かす」は不適当。

三 (古文ー主題，内容吟味，文脈把握，口語訳，文学史)

〈口語訳〉 仁和寺にいた法師が，年をとるまで石清水を参拝したことがなかったので，残念に思って，ある時に思い立って，たった一人で，徒歩で参拝した。(石清水のある山のふもとの)極楽寺・高良などを参拝して，これだけのものと思い込んで帰ってしまった。

さて，(仁和寺に帰ってきた僧は)仲間の人に向かって，長年願いつづけたことをなしとげました。(石清水は)うわさに聞いていたのよりも勝って尊いご様子でした。それにしても，参拝している人々がみな山へ登ったのは，何事があったのでしょうか，知りたかったけれど，神を参拝することが本来の目的だと思って，山の上までは見ませんでしたと言った。

ちょっとしたことでも，その道の案内役はあってほしいものである。

問一 「年寄るまで石清水を拝まざりければ」が，――線Aの理由なので④が適当。「年寄る」は「年をとる，老いる」という意味。

問二 ――線Bは，極楽寺・高良などを石清水と勘違いして，極楽寺・高良をお参りして石清水はここまでだと理解して，ということなので④が適当。「かばかり」は「これだけ，これくらい」という意味。

重要 問三 ――線Cの「年ごろ」は「長年の間」，「思ひつる」は「思っていた」，「果たし」は「なしとげる，し終える」という意味なので③が適当。

問四　――線Dは，極楽寺・高良を「石清水」だと勘違いしている法師の感想なので①が適当。

問五　――線Eの「ゆかし」は「知りたい，見たい，聞きたい」という意味で，ここでは「参りたる人ごとに山へ登りし」の理由を知りたいということなので②が適当。

問六　古文のせりふや会話は「～(し)て」の直後から「～と(ぞ言ふ)」の直前までで，――線Fのはじまりは「……あひて」直後の①である。

問七　――線Gは「法師」が，「かたへの人」に言った，ということ。

やや難　問八　法師は，山上にある本殿の石清水八幡宮ではなく，そのふもとにある極楽寺・高良への参拝を石清水への参拝と勘違いして，本来の目的と思い込んでしまっているので②が適当。極楽寺・高良を本殿の石清水と思い込んでいることをふまえていない他の選択肢は不適当。

重要　問九　最後の一文から③が適当。「あらまほし」は「あってほしい，いてほしい」という意味。

基本　問十　他の作者の作品は，①は『源氏物語』など，②は『枕草子』など，③は『方丈記』など。

★ワンポイントアドバイス★

古文では，最後の段落で主題や考えを述べていることが多いので，特に注意して読み取っていこう。

2022年度

入　試　問　題

2022年度

2022年度

横浜商科大学高等学校入試問題

【数　学】（40分）〈満点：100点〉

【注意】 電卓・ものさし・コンパス・分度器を使用することはできない。

1 次の式を計算しなさい。解答は各問いの解答群から1つ選びなさい。

問1 $\boxed{1}$ $-3+12\div(-6)$

① -1　② $-\dfrac{3}{2}$　③ -5　④ 1　⑤ $\dfrac{3}{2}$　⑥ 5

問2 $\boxed{2}$ $\dfrac{7}{15}-\left(\dfrac{-3^2}{5}+0.6\right)$

① $-\dfrac{11}{15}$　② $\dfrac{16}{15}$　③ $-\dfrac{6}{5}$　④ $\dfrac{12}{5}$　⑤ $-\dfrac{2}{3}$　⑥ $\dfrac{5}{3}$

問3 $\boxed{3}$ $(\sqrt{27}-\sqrt{3})\div\sqrt{6}$

① $\sqrt{2}$　② $\sqrt{3}$　③ $\sqrt{6}$　④ 2　⑤ 3　⑥ 4

問4 $\boxed{4}$ $(-6x^2y^3)^2\div 4xy^5$

① $-3x^3y$　② $3x^3y$　③ $-9x^3y$　④ $9x^3y$　⑤ $-9x^3y^4$　⑥ $9x^3y^4$

2 次の方程式を解きなさい。解答は各問いの解答群から1つ選びなさい。

問1 $\boxed{5}$ $\dfrac{2x-3}{6}-7=-\dfrac{1}{2}x$

① $x=-9$　② $x=9$　③ $x=-6$　④ $x=6$　⑤ $x=-2$　⑥ $x=2$

問2 $\boxed{6}$ $3(x-2)^2=-4x+10$

① $x=\dfrac{-2\pm\sqrt{3}}{3}$　② $x=\dfrac{4\pm\sqrt{3}}{3}$　③ $x=\dfrac{8\pm\sqrt{3}}{3}$　④ $x=\dfrac{-2\pm\sqrt{10}}{3}$

⑤ $x=\dfrac{4\pm\sqrt{10}}{3}$　⑥ $x=\dfrac{8\pm\sqrt{10}}{3}$

3 次の各問いに答えなさい。解答は各問いの解答群から1つ選びなさい。

問1 [7] 2けたの正の整数がある。一の位の数字は十の位の数字より3大きく，一の位の数字と十の位の数字を入れ替えてできる数は，もとの数の2倍より9小さい。この整数を求めなさい。

① 14　② 25　③ 36　④ 47　⑤ 58　⑥ 69

問2 [8] $16(x-2y)^2-(3x-4y)^2=(7x-12y)\times \mathrm{P}$のとき，Pを求めなさい。

① $(x-4y)$　② $(x+4y)$　③ $(x-5y)$　④ $(7x+12y)$　⑤ $(7x-16y)$　⑥ $(7x+16y)$

問3 [9] $x=3\sqrt{2}+2\sqrt{5}$，$y=3\sqrt{2}-2\sqrt{5}$のとき，x^2y+xy^2の値を求めなさい。

① -24　② 24　③ $-12\sqrt{2}$　④ $12\sqrt{2}$　⑤ $-8\sqrt{5}$　⑥ $8\sqrt{5}$

問4 [10]

右図のように，1辺が1 cmの正三角形ABCがある。点Pは頂点Aの位置にあり，1枚の硬貨を1回投げるごとに，表が出たら左回りに1 cm，裏が出たら右回りに1 cmだけ，正三角形の辺上を動く。この硬貨を3回投げたとき，点Pの最後の位置が頂点Bにある確率を求めなさい。

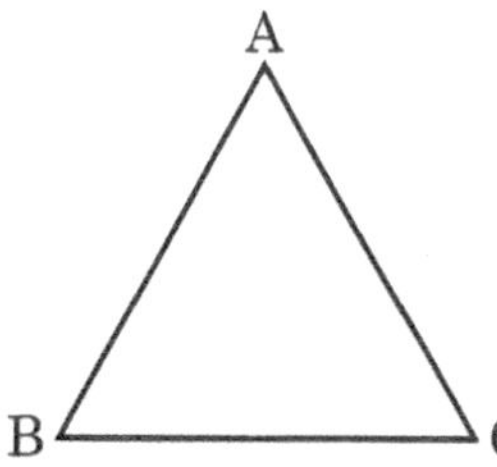

① $\frac{1}{3}$　② $\frac{2}{3}$　③ $\frac{1}{4}$　④ $\frac{1}{8}$　⑤ $\frac{3}{8}$　⑥ $\frac{5}{8}$

問5 [11] 2次方程式$x^2+6x+a=0$の解の1つが$x=-3+\sqrt{5}$のとき，aの値を求めなさい。

① 3　② 4　③ 5　④ 6　⑤ 7　⑥ 8

問6 [12] 濃度5%の食塩水280 gに食塩を何g加えると，濃度12.5%の食塩水になるか求めなさい。

① 20 g　② 21 g　③ 22 g　④ 23 g　⑤ 24 g　⑥ 25 g

問7 [13] $2\sqrt{13}<\sqrt{x}<8$を満たす正の整数xの個数を求めなさい。

① 10個　② 11個　③ 12個　④ 13個　⑤ 14個　⑥ 15個

問8　14

右図の円において，
AB＝5，AD＝6，DE＝4のとき，
BCの長さを求めなさい。
ただし，点B，C，D，Eは
円周上の点とする。

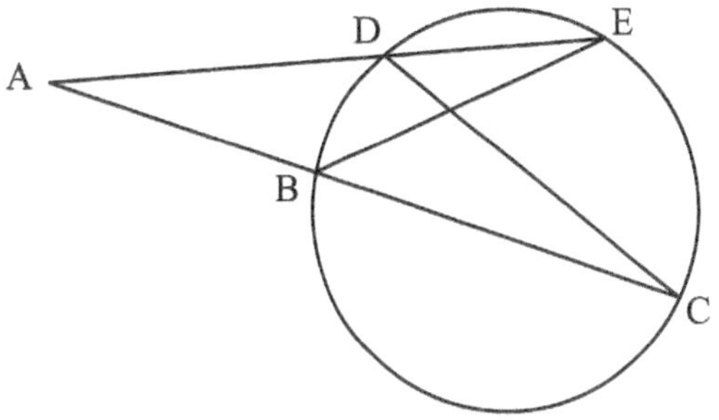

①　4　　②　5　　③　6　　④　7　　⑤　8　　⑥　9

問9　15

右図の円において，
$\overset{\frown}{\mathrm{AB}}=2\overset{\frown}{\mathrm{CD}}$，$\overset{\frown}{\mathrm{BC}}=3\overset{\frown}{\mathrm{CD}}$のとき，
∠BECの大きさを求めなさい。
ただし，点Oは円の中心とし，
点A，B，C，D，Eは円周上の点とする。

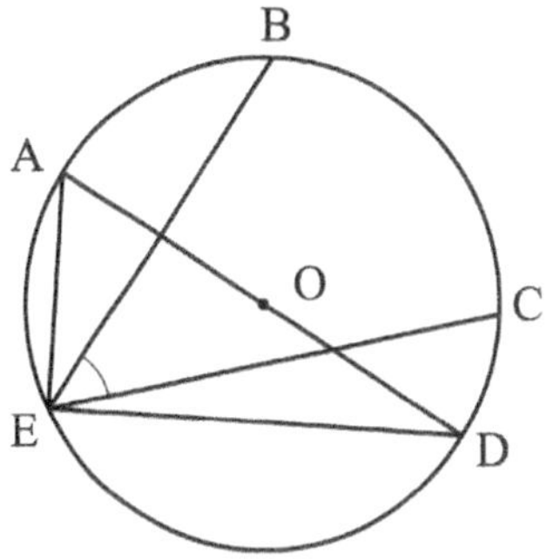

①　5°　　②　15°　　③　20°　　④　30°　　⑤　45°　　⑥　60°

問10　16

右図において，AB//CDのとき，
∠xの大きさを求めなさい。

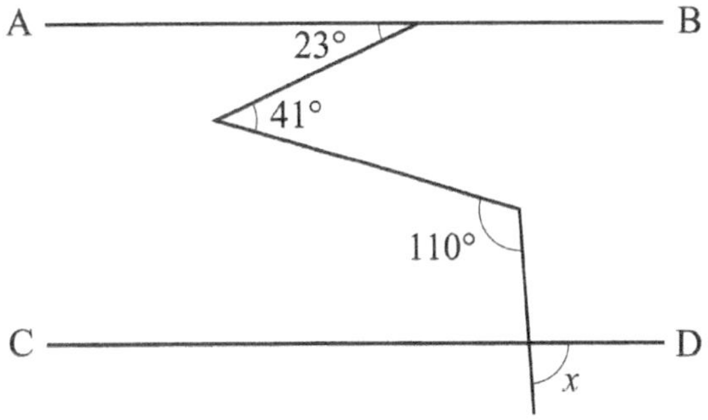

①　78°　　②　79°　　③　88°　　④　89°　　⑤　98°　　⑥　99°

問11 17

右図の立方体ABCD－EFGHにおいて，
3点BDEを通る平面でこの立方体を切る。
BD＝2としたとき，
四面体A－BDEの体積を求めなさい。

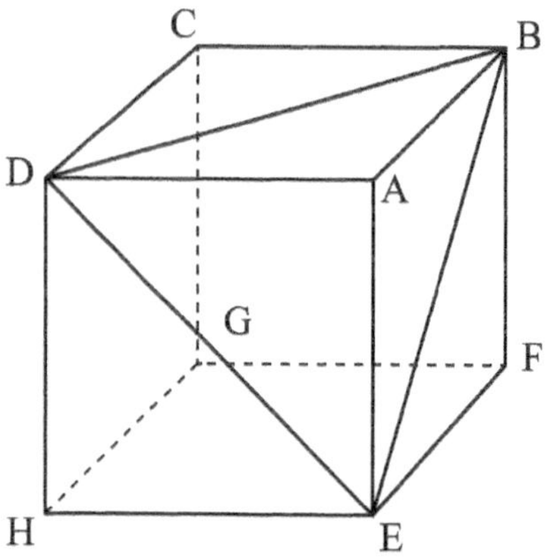

① 4　② $\frac{8}{3}$　③ $\frac{4}{3}$　④ $\sqrt{2}$　⑤ $\frac{2\sqrt{2}}{3}$　⑥ $\frac{\sqrt{2}}{3}$

4

右図のように，$y=\frac{1}{2}x^2$，$y=x+4$ の
グラフが2点A，Bで交わっている。
以下の問いに答えなさい。
解答は各問いの解答群から1つ選びなさい。

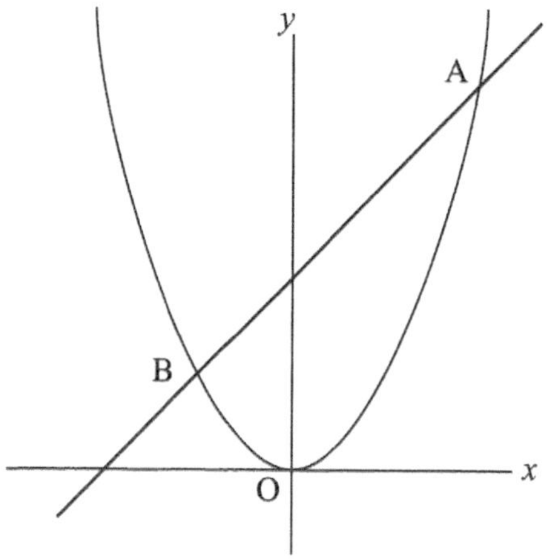

問1 18 点Aの座標を求めなさい。

① (2，2)　② (2，4)　③ (4，4)　④ (4，8)　⑤ (8，4)　⑥ (8，8)

問2 19 △OABの面積を求めなさい。

① 6　② 10　③ 12　④ 20　⑤ 24　⑥ 40

問3 20 直線ABと y 軸の交点をCとするとき，△OCAをOCを軸として1回転させたときにできる立体の体積を求めなさい。

① $\frac{16}{3}\pi$　② $\frac{32}{3}\pi$　③ $\frac{64}{3}\pi$　④ 8π　⑤ 32π　⑥ 64π

【英　語】（40分）〈満点：100点〉

1　次の各組の下線部の発音が，他と異なるものを1つ選びなさい。

問1 [1]

① b<u>o</u>th　② <u>o</u>ld　③ ag<u>o</u>　④ h<u>o</u>t　⑤ cl<u>o</u>se

問2 [2]

① s<u>a</u>me　② m<u>a</u>ke　③ gl<u>a</u>d　④ f<u>a</u>ce　⑤ t<u>a</u>ble

問3 [3]

① h<u>ea</u>vy　② r<u>ea</u>ch　③ w<u>ea</u>ther　④ l<u>ea</u>ther　⑤ r<u>ea</u>dy

問4 [4]

① fl<u>oo</u>r　② b<u>oo</u>k　③ w<u>oo</u>d　④ l<u>oo</u>k　⑤ t<u>oo</u>k

問5 [5]

① f<u>u</u>n　② l<u>u</u>cky　③ h<u>u</u>nt　④ S<u>u</u>nday　⑤ b<u>u</u>sy

2　次の各組の語の中で，最も強く発音する音節の位置が他と異なるものを1つ選びなさい。

問1 [6]

① ab-sent　② pi-lot　③ sci-ence　④ so-cial　⑤ e-nough

問2 [7]

① vic-to-ry　② al-read-y　③ di-a-ry　④ com-i-cal　⑤ ra-di-o

問3 [8]

① be-hind　② vil-lage　③ care-ful　④ plas-tic　⑤ net-work

問4 [9]

① an-y-one　② pe-ri-od　③ mu-si-cian　④ vid-e-o　⑤ hos-pi-tal

問5 [10]

① mes-sage　② al-bum　③ may-be　④ col-lect　⑤ pat-tern

3　（　　）内に入る最も適切なものを1つ選びなさい。

問1 [11]

Is your son's birthday (　　　) June?

① to　② in　③ on　④ at　⑤ from

問2 [12]

(　　　) there a Japanese school in New York?

① Is　② Are　③ Do　④ Does　⑤ Be

問3 [13]

I'll study (　　　) to nine and then I'll watch TV for an hour.

① before　② after　③ up　④ by　⑤ for

問4 14

This book is as ( ) as that one.

① more interesting ② so interesting ③ interesting
④ the most interesting ⑤ best interesting

問5 15

Could you give me ( )?

① cold something drink ② something cold drink ③ cold something to drink
④ something drink cold ⑤ something cold to drink

4 次の各文がほぼ同じ意味になるように( )内に入る適切なものを1つ選びなさい。

問1 16

Let's have lunch by the river.
( ) we have lunch by the river?

① Shall ② Could ③ Must ④ May ⑤ Can

問2 17

These textbooks are ours.
These are ( ) textbooks.

① our ② us ③ we ④ their ⑤ my

問3 18

Mary went to *Niagara Falls when she stayed in Canada.
Mary went to *Niagara Falls ( ) her stay in Canada.

*ナイアガラの滝

① during ② in ③ for ④ and ⑤ with

問4 19

Takeshi is my cousin's father.
Takeshi is my ( ).

① nephew ② brother ③ uncle ④ aunt ⑤ niece

問5 20

I'm really fond of hamburgers.
Hamburgers are my ( ) food.

① delicious ② good ③ like ④ interesting ⑤ favorite

5 意味の通る英文となるように( )内の語を並べ替え，その3番目・5番目に来る語の組み合わせとして適切なものを下から1つ選びなさい。ただし，文頭に来る語も小文字で表記してあります。

問1 21

My father (ア new bike イ me ウ my エ bought オ for カ a) birthday.

① ア・イ ② ア・ウ ③ オ・イ ④ カ・ア ⑤ カ・オ

問2 22

This train (ア in イ at ウ ten エ Tokyo Station オ arrive カ will) minutes.

①イ・ア　②イ・エ　③エ・イ　④エ・カ　⑤カ・エ

問3 23

This is (ア been　イ have　ウ for　エ the book　オ I　カ looking).

①イ・ウ　②イ・カ　③ウ・ア　④ウ・カ　⑤オ・ア

問4 24

(ア tomorrow　イ about　ウ going　エ how　オ the movies　カ to) evening?

①ア・イ　②ウ・ア　③ウ・オ　④オ・ア　⑤オ・イ

問5 25

My (ア twenty-five　イ says　ウ watch　エ it's　オ to　カ one).

①ア・イ　②ア・エ　③エ・イ　④エ・オ　⑤オ・イ

6 各組の会話を完成するために，(　　)に入る最も適切な文を1つ選びなさい。

問1 26

A：Do you have any plans for the spring, Keiko?

B：I'm going to go to Okinawa in March.

A：Again? Didn't you go there last year?

B：Yes, I did.

A：You really love Okinawa, don't you?

B：(　　)

① Yes, I'd love to go there someday.　② Yes, I like Hokkaido.

③ Yes, I can't wait.　④ Yes, I won't go there again.

⑤ Yes, you like it, too.

問2 27

A：Hi, Nancy. You look sleepy.

B：Hi, Pat. Well, yes, I am. I stayed up late to do my math homework. (　　)

A：I think so, too. Our math teacher is great but he gives us too much homework.

① I don't think I will be at home.　② Do you like math?

③ Don't be late for school tomorrow.　④ But I got it all done.

⑤ Don't you think we have too much homework these days?

問3 28

A：Excuse me, Mr. Tanaka.

B：Yes?

A：Could I talk to you now? I need some help.

B：Sure. (　　)

① That sounds nice.　② What can I do for you?

③ Get out of here.　④ I'm happy to hear that.

⑤ I have a lot to learn.

問4 29

A：Did you hear that Takeshi is leaving our team?

B ：Are you sure? He is one of our top players.

A ：Yes, he is. (　　　)

① I don't know what to say.　　② I know him well.

③ I'm sure you are right.　　④ He needs to leave our team.

⑤ He must play hard.

問5　30

A ：Excuse me.

B ：Yes?

A ：Do you have the time?

B ：(　　　)

① Yes, what's the matter?　　② No, I have a lot of things to do.

③ Sure, I'm not busy now.　　④ It's one thirty.

⑤ Sorry, I'm on duty now.

7　次の英文を読んで，以下の問いに答えなさい。

Tomoko and her mother, Hiroe, were waiting for Ryo and his family at the *airport in Oshima. "You look so happy, Tomoko," Hiroe said, but Tomoko didn't say anything. She was watching the *gate because Ryo was about to come through it. Tomoko was thinking, "What will I tell him first?" Then, her mother said, "Oh, Yoji is coming out! Yoji! Come here! Welcome to our *island!"

Tomoko said, "Who is Yoji, Mom?"

"Don't you know his name? Yoji is my brother, Ryo's father," Hiroe answered. Tomoko always called him *Ojisan*, so she didn't know his real name.

After Yoji, Ryo and Momoka, Ryo's sister, came through the gate. Ryo found Tomoko and said happily, "(ア)Long time no see, Tomoko! I hope we'll have a great time in Oshima." After that, Tomoko talked with Ryo about many things, but she forgot almost all of them (　イ　) she was so excited then.

That night, Tomoko and her parents held a big party for their *guests. Tomoko's father was good at fishing. Before Ryo and his family arrived, he went fishing in the sea. He caught many *fresh fish, and took them home. Tomoko's family are all good cooks. They made sashimi and cooked a lot of food. Ryo's family enjoyed the food, and talked about many things.

"I'm sorry we haven't cleaned all of the house. We've only lived here for one month. Before we moved here, we lived on Akaishi-jima."

"Akaishi-jima? Where is that?" Ryo asked.

"Oh, you don't know it? Akaishi-jima is a small island in the sea southeast of Oshima, and is the *southernmost island in Japan. We lived there until the beginning of this month," Hiroe answered.

"Why did you come here?" Ryo asked.

"Well, the biggest *reason is that there is no high school in Akaishi-jima. Students on Akaishi-jima must leave home if they want to be high school students. Tomoko *graduated from junior high school this month. She wanted to go to the high school on Oshima, so we came here with her."

"No high school on the island?" Ryo asked.

Hiroe told Ryo that there are no *convenience stores, traffic signals, taxis, or trains either.

"How about a post office?"

"Yes, there is only one, but there is no *bank."

"Did you know about this, Dad?"

Momoka didn't like their *conversation and *continued to drink her cola.

"Of course, Ryo, it is my island, too."

"Really? I didn't know that. What is the island like? Well, Dad, I want to go to Akaishi-jima with Tomoko tomorrow. Is that okay?" Ryo said.

Tomoko asked, "With me?"

"Do you want to come with us, Momoka?"

"I don't think so. I want to go swimming in the sea near here with Tomoko's mother."

"That's alright," Hiroe smiled.

"It sounds like an interesting trip. Good luck, Ryo," Yoji said.

Then, Ryo said he wanted to go to bed early to *prepare for the next day, and went to take a shower soon after. That night, Tomoko remembered the day's events in her bed. She couldn't get to sleep till late.

The next morning, Tomoko and Ryo got on a *ferry for Akaishi-jima at *the South Port.

"What a nice sea breeze!" Tomoko said.

"That's right," Ryo said. "Now, the island looks so big."

"We'll be there soon," Tomoko said happily.

"Who do you want to meet first when you get to the island?"

"Well, first I want to meet Kuro. He's a cat my aunt keeps. I haven't seen him for a week."

"Only a week?" Ryo said.

Their ferry's horn sounded and it *docked on Tomoko's home island.

*airport　空港　*gate　(空港の)ゲート　*island　島　*guest　客　*fresh fish　新鮮な魚
*southernmost　最南端の　*reason　理由　*graduated from ～　～を卒業した
*convenience store　コンビニエンスストア　*bank　銀行　*conversation　会話　*continued to ～　～し続けた
prepare for ～　～を準備する　*ferry　船　*the South Port　南港　*laughed　笑った　*docked　着岸した

問１　登場人物の関係として正しいものを次から１つ選びなさい。　31

① トモコとヒロエは姉妹である。
② トモコとリョウは兄妹である。
③ ヒロエとヨウジはいとこ同士である。
④ トモコとリョウはいとこ同士である。
⑤ ヨウジとリョウは兄弟である。

問２　下線部(**ア**)の内容に最も近いものを１つ選びなさい。　32

①「久しぶりだね，トモコ。」
②「これから長い時間お世話になるけどよろしくね，トモコ。」
③「調子はどう？トモコ。」

④「ずっと海に行きたかったんだよ，トモコ。」

⑤「長い間連絡しなくてごめんね，トモコ。」

問3　空欄(**イ**)に入る語として最も適切なものを選びなさい。　33

① and　② but　③ because　④ or　⑤ so

問4　本文の内容と一致するものを1つ選びなさい。　34

① Yoji was good at fishing.

② Tomoko's father was good at cooking.

③ Ryo's family didn't enjoy the party so much.

④ Tomoko's father went fishing in the evening.

⑤ Yoji was very tired, so he didn't talk so much.

問5　トモコの家族が大島に引っ越してきたのはいつですか。最も適切なものを1つ選びなさい。　35

① 3月上旬　② 3月中旬　③ 3月下旬　④ 4月上旬　⑤ 4月下旬

問6　トモコの年齢はいくつだと思われますか。次の中から1つ選びなさい。　36

① 12歳　② 13歳　③ 15歳　④ 16歳　⑤ 18歳

問7　明石島《あかいしじま》にあるものは次のうちどれですか。1つ選びなさい。　37

① 高校　② 空港　③ 信号　④ 郵便局　⑤ 銀行

問8　トモコの家族が大島に引っ越してきた最大の理由として正しいものを1つ選びなさい。　38

① 父親の仕事の都合で，島を離れなければならなかったため

② 海が近くにある家に住みたいと思ったから

③ 離島は様々な施設がなく生活が不便であったから

④ トモコが大島生まれなので，生まれた島に住みたいと考えたから

⑤ トモコが進学を希望したから

問9　本文の内容と一致しないものを1つ選びなさい。　39

① リョウは，ヒロエの話を聞いて，明石島への興味が湧いてきた。

② モモカはリョウと同じく明石島に興味を持った。

③ トモコは，リョウ達が島に来た日の夜，なかなか眠れなかった。

④ モモカはヒロエと海水浴に行きたがった。

⑤ リョウとトモコが島へ行くことにヨウジは同意した。

問10　本文の内容と一致するものを1つ選びなさい。　40

① トモコとリョウは，リョウたちの到着した翌日の午後明石島へと向かった。

② トモコとリョウが乗った船は，大島の東の港から出航した。

③ トモコは，明石島が変わっていないか心配だった。

④ トモコは，島に着いたら島の海岸に行って海水浴をするつもりだ。

⑤ トモコは，島に着いたら親戚のおばさんの家に行こうと考えている。

さい。　37

①　翌日　②　仕事　③　停泊　④　早朝

問六　作者の船路に対する恐怖は文中のどの言葉からはじまっているか。適当なものをひとつ選びなさい。　38

①　若き女などの袙　②　いとをかしう
③　風いたうふき　④　船に浪のかけたるさまなど

問七　本文の内容に合致するものをひとつ選びなさい。　39

①　作者は船路を恐ろしく感じていて、楽しげに歌などを歌っている若い人たちのことがうらやましい。
②　作者は底の見えない海に恐怖を覚えて、船の上で走り回る船乗りたちのやっていることが信じられない。
③　作者は陸地を徒歩で旅することに関しては、足がつくという安心感があるのでまったく怖がっていない。
④　作者が乗っている船は小さい家のようなつくりをしていて、いつ沈没してしまうかと心細くて仕方がない。

問八　この文章は『枕草子』の一部です。作者はだれか。適当なものをひとつ選びなさい。　40

①　紫式部　②　清少納言
③　和泉式部　④　小野小町

も又おそろしかなれど、それはいかにもいかにも地《つち》につきたれば、
旅路もまた恐ろしいものであろうが、それは、なんといっても足が地についているのだから、
いとたのもし。
とても安心なのである。

（注）
※袙＝女子の中着
※櫓＝船をこぎ進めるための道具
※千尋＝「尋」は両手を広げた長さ「千」は数の多いことを示す
※尺＝長さの単位　一尺は約三〇センチメートル
※下衆＝船乗り
※丸なる＝丸いのを　丸太のこと
※屋形＝屋形船
※妻戸＝両開きの扉
※はし舟＝端船　はしけ（小さい船）のこと
※あとの白浪＝船が通った後に立つ白波
※徒歩路＝陸地を歩く旅

問一　——部**ア**～**エ**の「いみじ」を説明した文として正しいものをひとつ選びなさい。 33

① アとイは「とても」と口語訳し、ウは「さかんな」、エは「恐ろしく」と口語訳する。
② アとウは「とても」と口語訳し、イは「恐ろしく」、エは「すばらしく」と口語訳する。
③ アとエは「すばらしく」と口語訳し、イは「とても」、ウは「恐ろしい」と口語訳する。
④ アとエは「とても」と口語訳し、イは「さかんに」、ウは「恐ろしい」と口語訳する。

問二　——部**A**「浅みどりの打ちたるをひきわたしたるやうにて」の説明として適当なものをひとつ選びなさい。 34

① 海の色が嵐の近づく前ぶれのような浅緑色に濁っている様子を伝えている。
② 海辺を飛び交う鳥たちのうち鳴く声が響き渡るほど、静かな海上の状況を説明している。
③ 穏やかな海面とその色の状況を、浅緑色した衣服を張り渡した様子にたとえている。
④ 波打つ海面の状況を、風になびきながら一面に広がる浅緑色の草原にたとえている。

問三　——部**B**「おもへば」とは誰が思っているのか。適当なものをひとつ選びなさい。 35

① 作者　② 侍のもの
③ わかき女　④ ありく人

問四　——部**C**「又いとをかしう見ゆ」の解釈として適当なものをひとつ選びなさい。 36

① またとても危険そうに見える。
② またとても面白おかしく見える。
③ またとても風情があるように見える。
④ またとても不思議そうに見える。

問五　——部**D**「つとめて」の解釈として適当なものをひとつ選びな

若やかなるなど、※櫓《ろ》といふ物押して、歌をイいみじうたひたるは、
々しいのなどが、一緒に櫓というものを押して船歌を【 イ 】歌っているのは、
いとをかしう、やむごとなき人などにも見せたてまつらまほしう思ひ
とても面白くて　高貴な方々にも　お見せ申し上げたく思いながら行くと、
いくに、風いたうふき、海の面《おもて》ただ悪《あ》しに悪《あ》しうなるに、物もおぼえ
風がひどく吹いて、海の面がただ荒れに荒れてくるので、平常心も失って、
ず、泊《とま》るべきところに漕《こ》ぎつくるほどに、船に浪《なみ》のかけたるさまなど、
船が次に泊まる予定の所に漕ぎつける間に、船に波が打ちかけているありさまなどは、
かた時にさばかり和《なご》かりつる海ともみえずかし。
一瞬で　あれほど平穏だった海とも見えなくなるのだ。
Bおもへば、船に乗りてありく人ばかり、あさましうゆゆしき物こそな
思うに　船に乗ってこぎまわる人ほど　あきれるほど不気味で恐ろしいものはない。
けれ。よろしき深さなどにてだに、さるはかなき物に乗りて漕《こ》ぎいづべ
ある程度の深さであってさえも、そんな頼りないものに　乗って、こぎ出して行っ
きにもあらぬや。まいて、そこひもしらず、※千尋《ちひろ》などあらむよ。も
ていいものなのか。ましで、底の果てもわからず、千尋まではるか遠くに広がってい
のをいとおほく積みいれたれば、水際《みづぎは》はただ一※尺《しゃく》ばかりだになき
るというのに。物をたくさん積み込んでいるので、水際までほんの一尺ぐらいさえもないのに、
に、※下衆《げす》どもの、いささかおそろしとも思はではしりありき、つゆ
船乗りたちが　少しも恐ろしいものとも思わずに走りまわり、ちょっ
悪《あ》しうもせば沈みやせむと思ふを、大きなる松の木などの、二三尺《しゃく》にて
とでも下手をすれば沈みもしようかと思うのに、大きな松の木などの、長さ二、三尺の
※丸《まろ》なる、五つ六つ、ほうほうと投げいれなどするこそウいみじけれ。
丸太を、五つ六つ、ぽんぽんと　投げ入れなどするのは【 ウ 】ものだ。

※屋形といふ物のかたにて押す。されど、奥なるはたのもし。端《はた》にて
屋形船で櫓を押している。けれど、奥に乗っている者は安心だ。船のはしっ
立てるものこそ、目くるる心ちすれ。早緒《はやお》とつけて、櫓《ろ》とかにすげた
こに立っている者は、目がくらむような気がする。早緒と名前をつけて、櫓とかに結びつけた綱の
るものの、弱げさよ。かれが絶えば、なにかならん。ふと落ちいり
弱そうなことと言ったら。もしそれが切れたら、何の役に立つというのか。すぐに海に落ち入っ
なんを。それだに太くなどもあらず。
てしまうだろうに。それでさえ太くなどもない。
わが乗りたるはきよげにつくり、※妻戸《つまど》あけ格子《こうし》あげなどして、
私の乗っている船は、きれいに作ってあって、妻戸を開け、格子を上げなどして、
さ水とひとしうをりげになどあらねば、ただ家のちひさきにてあり。
そんなに水と同じ高さにあるといった感じではないので、まるで小さい家に　乗っているという風だ。
小船を見やるこそいみじけれ。とほきはまことに笹《ささ》の葉をつくりて、
船の中から他の小船を見やるのは恐ろしい。遠いのは本当に笹の葉で船を作って
うち散らしたるにこそ、いとようにたれ。泊《とま》りたる所にて、船ごとに
うち散らしてあるのに、とてもよく似ている。船泊まりしている所で、船ごとにとも
灯《とも》したる火は、C又いとをかしう見ゆ。
してある火は、【 C 】
※はし舟とつけて、エいみじうちひさきに乗りて漕ぎありく。Dつとめて
はし船と名付けて、【 エ 】小さい船に乗って漕ぎまわる。【 D 】など
など、いとあはれなり。※あとの白浪《しらなみ》は、まことにこそ消えもていけ。
とてもしみじみした感じがする。あとの白波は、本当に　次々と消えていくものなのだ。
よろしき人は、なほのりてありくまじき事とこそおぼゆれ。※徒歩路《かちぢ》
すぐれた人は、やはり船に乗って動きまわるべきではないことと感じられる。陸地を歩く

④　骨身にこたえる非難を受けることになってしまったということ。

問九　――線I「幅を利かせ」の意味として適当なものをひとつ選びなさい。　29

①　距離を縮めて　　②　広範囲にわたって

③　勢力を広げて　　④　格差を広げて

問十　――線J「私たち日本人はずいぶんあわれな人々であるといわなければならない」の内容として適当なものをひとつ選びなさい。　30

①　筆者は中国の人々に貢物を捧げてきた日本人をからかいと侮蔑を込めてあわれんでいる。

②　筆者は西洋化によって生じた新しい和の姿に意義を見出している日本人を悲観している。

③　筆者は互いに対立するものを調和させる本来の和の意味を見失っている日本人に失望している。

④　筆者は西洋化以来、自分たちの築いてきた文化を和と呼んで卑下していることに同情している。

問十一　――線K「固定され、偶像とあがめられた和の化石であり、残骸にすぎないということになる」の説明として適当なものをひとつ選びなさい。　31

①　和という言葉がその文化的、歴史的価値を失い、言葉として死んでいること。

②　明治時代の近代化によって新しい意味の和が失われてしまったということ。

③　およそ千年前の言葉が、多くの現代の言葉の中に埋もれてしまっているということ。

④　近代以前の和に託された機能を喪失し、形式的になっているということ。

問十二　本文の内容に合致するものをひとつ選びなさい。　32

①　西洋化された日本の家屋の部屋の中に、新たな意味をもって和室は違和感なく共存している。

②　『古今和歌集』には現代人が忘れかけているなごやかな共存としての和が語られている。

③　和という言葉は中国人や西洋人が用いた日本人に対する蔑称を誇り高い意味に置き換えた言葉である。

④　日本人は今もなお、その生活や文化の中に生き続ける和を新たな意味で捉え直さなければならない。

三

次の古文は「うちとくまじきもの（気が許せないもの）」と題して、作者の「船のみち＝船の旅路」に対する心配や恐怖を記したものである。この文章を読んで、あとの問いに答えなさい。なお、解答番号 33 ～ 40 までは解答欄⑤は使用しません。

船のみち。日のいとうららかなるに、海の面《おもて》の、ア いみじうのどかに、A 浅《あさ》みどりの打ちたるをひきわたしたるやうにて、いささか恐ろしきけしきもなきに、若き女などの※袙《あこめ》、袴《はかま》などきたる、侍《さぶらひ》のものの

船の旅路。日がとてもうらららかに照っていて、海面が【ア】のどかで波もなく、【A】少しも恐ろしい様子もない時に、若い女などの袙や袴などを着ているのや、さむらいの者の若

問一 ――線A「これ」の示す内容として適当なものをひとつ選びなさい。 21

① 中国から漢字が伝わる以前の文字のこと。
② この国で使われてきた「わ」と書き表す文字のこと。
③ この国では自分のことを「わ」と呼んできたこと。
④ 中国で昔から自分のことを「わ」と呼んできたこと。

問二 ――線B「中国側の官僚たちはこれをおもしろがって」とあるが、その理由として適当なものをひとつ選びなさい。 22

① 日本人が「わ」が相手に従うという意味であることを知りながら、自分たちのことを「わ」と呼んでいたから。
② 中国の王朝と交渉するようになったとき、使節団の多くの日本人が自分たちのことを「わ」と呼んでいたから。
③ 中国の民族が世界で一番優秀であると認めて、日本の使節団が自分たちに「倭」という漢字を当てたから。
④ 中国の官僚たちが、自分たちが黄河の流れる世界の中心に住んでいることを周辺の国々に自慢したいから。

問三 ――線C「あるとき、この国の誰かが倭国の倭を和と改めた」結果として適当なものをひとつ選びなさい。 23

① 同音異義語を用いながら、平和的に中国との対立を回避した。
② 同音異義語を用いて、中国と新たな関係を作り上げる基礎を築いた。
③ 同音異義語を用いて、日本の文化の優位性を他国に対して示した。
④ 同音異義語を用いながら、日本文化の長所を表現することに成功した。

問四 空欄 D に入る言葉として適当なものをひとつ選びなさい。 24

① つまり　② さらに　③ そして　④ あるいは

問五 ――線E「和という言葉は本来、この互いに対立するものを調和させるという意味だった」の例として適当でないものをひとつ選びなさい。 25

① 和合　② 和蘭　③ 和平　④ 和親

問六 空欄 F に入る言葉として適当なものをひとつ選びなさい。 26

① 険悪　② 均等　③ 無謀　④ 異質

問七 ――線G「新しい意味の和」とは何か。適当なものをひとつ選びなさい。 27

① 江戸時代以前の日本の文化とその産物。
② 中国の人々が日本人をからかって当てた漢字。
③ ある天才が書き換えた誇り高い言葉。
④ 日本の近代化が進むにつれて忘れられた姿。

問八 ――線H「皮肉なことに」とはこの場合どういうことか。適当なものをひとつ選びなさい。 28

① 本来の意図とまったく同じ結果になってしまったということ。
② せっかく改めたのに自分から元に戻してしまったということ。
③ 表面的な意味でしか理解することができなかったということ。

聞けば、生きとし生けるもの、いづれか歌をよまざりける。力をも入れずして天地《あめつち》を動かし、目に見えぬ鬼神《おにがみ》をもあはれと思はせ、男女の中をも和らげ、猛《たけ》き武士《もののふ》の心をも慰《なぐさ》むるは歌なり。

「男女の中をも和らげ」というところに和の字が見えるが、それだけが和なのではない。「力をも入れずして天地を動かし、目に見えぬ鬼神をもあはれと思はせ、男女の中をも和らげ、猛き武士の心をも慰むる」というくだり全体が和歌の和の働きである。和とは天地、鬼神、男女、武士のように互いに［ F ］なもの、対立するもの、荒々しいものを「力をも入れずして……動かし、……あはれと思はせ、……和らげ、……慰むる」、こうした働きをいうのである。これが本来の和の姿だった。

明治時代になって、西洋化が進むと江戸時代以前の日本の文化とその産物をさして和と呼ぶようになった。着物を和服といい、畳の間を和室というのがそれである。このG新しい意味の和は進んだ西洋に対して遅れた日本という※卑下《ひげ》の意味を含んでいた。

歴史を振り返ると、はるか昔、中国の人々が貢物《みつぎもの》を捧《ささ》げにきた日本人をからかいと侮蔑をこめて倭と呼んだ。それをある天才が一度は和という誇り高い言葉に書き替えたにもかかわらず、その千年後、H皮肉なことに今度は日本人みずから自分たちの築いてきた文化を和と呼んで卑下しはじめたことになる。この新しい意味の和は近代化が進むにつれて徐々にI幅を利かせ、今や本来の和は忘れられようとしている。

身のまわりを見わたせば、近代になってから私たちが和と呼んできたものはみな生活の隅《すみ》っこに押しこめられてしまっている。現代の日本人はふだん洋服を着て、洋風の食事をし、洋風の家に住んでいる。ふつうの人にとって和服は特別のときに引っ張り出して着るだけである。和食といえば、すぐ鮨《すし》や天ぷらを思い浮かべるが、鮨にしても天ぷらにしても、多くの人にとって、むしろ、ときどき食べにゆくものにすぎない。和室はどうかといえば、一戸建てにしろマンションにしろ一室でも畳の間があればいいほうである。こうして片隅に押しこめられ、ふつうの日本人の生活からかけ離れてしまったものが和であるなら、J私たち日本人はずいぶんあわれな人々であるといわなければならない。

ところが、この国には太古の昔から異質なものや対立するものを調和させるという、いわばダイナミックな運動体としての和があった。この本来の和からすれば、このような現代の生活の片隅に追いやられてしまっている和服や和食や和室などはほんとうの和とはいえない。たしかにそれは本来の和が生み出した産物にはちがいないが、不幸なことに近代以降、K固定され、偶像とあがめられた和の化石であり、残骸にすぎないということになる。

では、異質なもの、対立するものを調和させるという本来の和は現代において消滅してしまったか。決してそんなことはない。それは今も私たちの生活や文化の中に脈々と生きつづけているのだが、私たちは和の残骸を懐かしがってばかりいるものだから、本来の和が目の前にあるのに気づかないだけなのだ。

（長谷川櫂「和の思想」より）

（注）

※　編纂＝一定の方針のもとに書物をつくること。

※　卑下＝実際より劣ったものと思ってふるまうこと。

ひとつ選びなさい。 20

先生はおそらく私たちのことを試している（　　）。

①　のだろう　②　はずがない　③　かもしれない
④　つもりだ　⑤　のか

二　**次の文章を読んであとの問いに答えなさい。なお、解答番号 21 ～ 32 までは解答欄⑤は使用しません。また、出題の都合上、本文には省略した部分があります。**

この国の人々ははるかな昔から自分のことを「わ」と呼んできた。ただ、それを書き記す文字がなかった。中国から漢字が伝わる以前のことである。Aこれは今でも「われ」「わたくし」「わたし」という形で残っている。

日本がやがて中国の王朝と交渉するようになったとき、日本の使節団は自分たちのことを「わ」と呼んだのだろう。B中国側の官僚たちはこれをおもしろがって「わ」に倭という漢字を当てて、この国を倭国、この国の人を倭人と呼ぶようになった。倭という字は人に委《ゆだ》ねると書く。身を低くして相手に従うという意味である。中国文明を築いた漢民族は黄河の流れる世界の中心に住む自分たちこそ、もっとも優れた民族であるという誇りをもっていた。そこで周辺の国々をみな蔑《さげす》んでその国名に侮蔑《ぶべつ》的な漢字を当てた。倭国も倭人もそうした蔑称である。

ところが、Cあるとき、この国の誰かが倭国の倭を和と改めた。この人物が天才的であったのは和は倭と同じ音でありながら、倭とはまったく違う誇り高い意味の漢字だからである。和の左側の禾は軍門に立てる標識、右の口は誓いの文書を入れる箱をさしている。 D 、和は敵対するもの同士が和議を結ぶという意味になる。

この人物が天才的であったもうひとつの理由は、和という字はこの国の文化の特徴をたった一字で表わしているからである。というのは、この国の生活と文化の根底には互いに対立するもの、相容《あいい》れないものを和解させ、調和させる力が働いているのだが、この字はその力を暗示しているからである。

E和という言葉は本来、この互いに対立するものを調和させるという意味だった。そして、明治時代に国をあげて近代化という名の西洋化にとりかかるまで、長い間、この意味で使われてきた。和という字を「やわらぐ」「なごむ」「あえる」とも読むのはそのためである。「やわらぐ」とは互いの敵対心が解消すること。「なごむ」とは対立するもの同士が仲良くなること。「あえる」とは白和え、胡麻和えのように料理でよく使う言葉だが、異なるものを混ぜ合わせてなじませること。

この国の歌を昔から和歌というのは、もともとは中国の漢詩に対して、和の国の歌、和の歌、自分たちの歌という意味だった。しかし、和歌の和は自分という古い意味を響かせながらも、そこには対立するものを和ませるというもっと大きな別の意味をもっていた。九〇〇年代の初めに※編纂《へんさん》された『古今和歌集《こきんわかしゅう》』の序に、編纂の中心にいた紀《きの》貫之《つらゆき》は次のように書いている。

やまとうたは、人の心を種として、万《よろず》の言の葉とぞなれりける。世の中にある人、ことわざ繁《しげ》きものなれば、心に思ふことを、見るもの聞くものにつけて、言ひ出せるなり。花に鳴く鶯《うぐいす》、水に住む蛙《かわず》の声を

⑤ 友人を見捨てるようなハク情な人だ。

E あの人はフン別がある。 11

① 夜の港はフン囲気がよい。
② 阿蘇はフン火を続けている。
③ 味方の好プレーに興フンしてしまった。
④ 駅で定期券をフン失してしまった。
⑤ 予定の五フン前に到着した。

問四 次のA・Bの意味の四字熟語をそれぞれひとつずつ選びなさい。

A 物事や相手に対しての怒りや苦しみをじっと抑えて、軽々しい行動をしないこと。 12

① 四面楚歌　② 傍若無人　③ 臥薪嘗胆
④ 隠忍自重　⑤ 喜怒哀楽

B この世のすべての現象は常に激しく移り変わっていくものであり、少しの間もとどまっていないこと。 13

① 起承転結　② 有為転変　③ 紆余曲折
④ 盛者必衰　⑤ 栄枯盛衰

問五 次のA・Bの――線のことばをカタカナ語で表現するのに適当なことばをそれぞれひとつずつ選びなさい。

A 国際社会の中では、日本人としての独自性が問われることになる。 14

① プロローグ　② フィロソフィ
③ コンプレックス　④ アイデンティティ
⑤ データベース

B 近年の天然素材が見直されている背景には、環境保護意識に対する全世界的な取り組みなどがある。 15

① バイオ・テクノロジー　② リサイクル
③ エコロジー　④ ヒューマニズム
⑤ ライフ・スタイル

問六 次の作品の作者はだれか、ひとつ選びなさい。

『鼻』 16

① 芥川龍之介　② 森鷗外　③ 川端康成
④ 三島由紀夫　⑤ 夏目漱石

問七 次のA・Bの空欄にあてはまることばをそれぞれひとつずつ選びなさい。

A 生徒会長になって三か月でようやく（　　）についたようだ。 17

① 腕　② 板　③ 様　④ 役　⑤ 水

B 友人たちと（　　）をすえて話し合う。 18

① 頭　② 耳　③ 口　④ 腰　⑤ 尻

問八 次の――線の「の」と用法が同じものをひとつ選びなさい。 19

数学の宿題を済ませる。

① 声のするほうに振り返った。
② これと同じのをください。
③ いつもは何時に帰るの。
④ 彼の歌に合いの手を入れる。
⑤ 今朝の日の出は6時30分です。

問九 次の――線の副詞と呼応するように空欄にあてはまることばを

【国語】（四〇分）〈満点：一〇〇点〉

一 **次のそれぞれの問いに答えなさい。**

問一 次のA～Dの――線の漢字の読みとして適当なものをそれぞれひとつずつ選びなさい。

A 桜の花は淡いピンク色をしている。 1

① うす（い） ② きよ（い） ③ あわ（い）
④ しぶ（い） ⑤ よわ（い）

B 状況を考えると妥当な判断であった。 2

① じゅんとう ② せいとう ③ そうとう
④ てきとう ⑤ だとう

C 山火事の様子を詳しく伝える。 3

① ただ（しく） ② はげ（しく） ③ くわ（しく）
④ ひと（しく） ⑤ よろ（しく）

D 将来が嘱望された青年。 4

① そくもう ② しょくぼう ③ しょくもう
④ ぞくぼう ⑤ そくぼう

問二 次のA・Bの空欄に漢字を入れて対義語を作るとき、あてはまる漢字をそれぞれひとつずつ選びなさい。

A 踏襲――（ ）新

① 更 ② 斬 ③ 最
④ 刷 ⑤ 生 5

B 不機嫌――（ ）機嫌

① 上 ② 良 ③ 快
④ 正 ⑤ 大 6

問三 次のA～Eの――線のカタカナと同じ漢字を使うものをそれぞれひとつずつ選びなさい。

A 彼には珍しくアメリカ留学は即ケツだった。 7

① チームとしての団ケツを強めよう。
② 今回の大会では補ケツにまわった。
③ 消毒液で手指を清ケツにする。
④ 挙手をもって採ケツすることにした。
⑤ 手術をするのに輸ケツが必要だ。

B 部屋の中を装ショクする。 8

① 「早く歩く」の「早く」は連用修ショク語である。
② 兄はIT企業に就ショクすることが決まった。
③ トラのからだの模様は保護ショクの役目を果たす。
④ 鉢の花をすべて庭に移ショクした。
⑤ 外国の首脳に接ショクを試みた。

C 雨の日が続きユウ鬱《うつ》な毎日を過ごしている。 9

① 甘い物のユウ惑には勝てない。
② あの人は気分に左ユウされやすい。
③ 小学生の体力の低下傾向はユウ慮すべき問題である。
④ 口にしたことを実現させることをユウ言実行という。
⑤ もっと気持ちに余ユウがほしい。

D 苦しい胸の内を告ハクした。 10

① 賞賛のハク手が鳴りやまない。
② ハク線の後ろに下がってください。
③ 彼は非常にハク識である。
④ 父の兄をハク父という。

MEMO

大切なことはメモしておこうネ！

2022年度

解 答 と 解 説

《2022年度の配点は解答欄に掲載してあります。》

＜数学解答＞

1 問1 ③ 問2 ⑥ 問3 ① 問4 ④
2 問1 ② 問2 ⑤
3 問1 ③ 問2 ① 問3 ③ 問4 ⑤ 問5 ② 問6 ⑤ 問7 ②
問8 ④ 問9 ⑤ 問10 ③ 問11 ⑥
4 問1 ④ 問2 ③ 問3 ③

○配点○

各5点×20 計100点

＜数学解説＞

基本 1 （数・式の計算，平方根の計算）

問1 $-3+12\div(-6)=-3+(-2)=-5$

問2 $\frac{7}{15}-\left(-\frac{3^2}{5}+0.6\right)=\frac{7}{15}-\left(-\frac{9}{5}+\frac{3}{5}\right)=\frac{7}{15}-\left(-\frac{6}{5}\right)=\frac{7}{15}+\frac{6}{5}=\frac{7}{15}+\frac{18}{15}=\frac{25}{15}=\frac{5}{3}$

問3 $(\sqrt{27}-\sqrt{3})\div\sqrt{6}=(3\sqrt{3}-\sqrt{3})\div\sqrt{6}=2\sqrt{3}\div\sqrt{6}=\frac{2\sqrt{3}}{\sqrt{6}}=\frac{2}{\sqrt{2}}=\frac{2\sqrt{2}}{2}=\sqrt{2}$

問4 $(-6x^2y^3)^2\div4xy^5=36x^4y^6\div4xy^5=9x^3y$

2 （1次方程式，2次方程式）

問1 $\frac{2x-3}{6}-7=-\frac{1}{2}x$ 両辺を6倍して，$2x-3-42=-3x$ $2x+3x=45$ $5x=45$ $x=9$

問2 $3(x-2)^2=-4x+10$ $3(x^2-4x+4)=-4x+10$ $3x^2-12x+12+4x-10=0$ $3x^2-8x+2=0$ 二次方程式の解の公式から，$x=\frac{-(-8)\pm\sqrt{(-8)^2-4\times3\times2}}{2\times3}=\frac{8\pm\sqrt{40}}{6}=\frac{8\pm2\sqrt{10}}{6}=\frac{4\pm\sqrt{10}}{3}$

3 （方程式の応用問題，因数分解，式の値，確率，2次方程式，平方根の大小，円の性質，角度，体積）

問1 もとの数の十の位の数をx，一の位の数をyとすると，$y=x+3$…① $10y+x=2(10x+y)-9$ $10y+x-20x-2y=-9$ $-19x+8y=-9$…② ②に①を代入して，$-19x+8(x+3)=-9$ $-19x+8x+24=-9$ $-11x=-33$ $x=3$ $y=3+3=6$ よって，求める整数は，36

問2 $16(x-2y)^2-(3x-4y)^2=\{4(x-2y)\}^2-(3x-4y)^2=(4x-8y+3x-4y)(4x-8y-3x+4y)=(7x-12y)(x-4y)$ よって，$\mathrm{P}=x-4y$

問3 $x^2y+xy^2=xy(x+y)=(3\sqrt{2}+2\sqrt{5})(3\sqrt{2}-2\sqrt{5})\{(3\sqrt{2}+2\sqrt{5})+(3\sqrt{2}-2\sqrt{5})\}=\{(3\sqrt{2})^2-(2\sqrt{5})^2\}\times6\sqrt{2}=(18-20)\times6\sqrt{2}=-2\times6\sqrt{2}=-12\sqrt{2}$

問4 3回投げたとき表裏の出方は，$2\times2\times2=8$(通り) そのうち，点Pの最後の位置が頂点Bにある場合は，(表，表，裏)，(表，裏，表)，(裏，表，表)の3通り よって，求める確率は，$\frac{3}{8}$

問5　$x^2+6x+a=0$　　$a=-x^2-6x=-(-3+\sqrt{5})^2-6(-3+\sqrt{5})=-(9-6\sqrt{5}+5)+18-6\sqrt{5}=-14+6\sqrt{5}+18-6\sqrt{5}=4$

問6　$280\times\frac{5}{100}=14$　　食塩をxg加えるとすると，$\frac{14+x}{280+x}\times100=12.5$　　$1400+100x=12.5(280+x)=3500+12.5x$　　$87.5x=2100$　　$x=24$(g)

問7　$2\sqrt{13}<\sqrt{x}<8$　　2乗して，$52<x<64$　　xの個数は，$64-52-1=11$(個)

問8　△AEBと△ACDにおいて，∠Aは共通，円周角の定理から，∠AEB＝∠ACD　　よって，2組の角がそれぞれ等しいので，△AEB∽△ACD　　BC＝xとすると，AE：AC＝AB：AD　$(6+4):(5+x)=5:6$　　$5(5+x)=60$　　$5+x=12$　　$x=7$

問9　$\angle BOC=180^\circ\times\frac{3}{2+3+1}=180^\circ\times\frac{3}{6}=90^\circ$　　円周角の定理から，$\angle BEC=\frac{\angle BOC}{2}=\frac{90^\circ}{2}=45^\circ$

問10　角の頂点を通り，ABに平行な直線を引くと，平行線の錯角から，$41^\circ-23^\circ=18^\circ$　　$110^\circ-18^\circ=92^\circ$，$\angle x=180^\circ-92^\circ=88^\circ$

問11　$AB=AD=AE=\frac{2}{\sqrt{2}}=\frac{2\sqrt{2}}{2}=\sqrt{2}$　　よって，A－BDEの体積は，$\frac{1}{3}\times\frac{1}{2}\times\sqrt{2}\times\sqrt{2}\times\sqrt{2}=\frac{\sqrt{2}}{3}$

4　(図形と関数・グラフの融合問題)

基本　問1　$y=\frac{1}{2}x^2\cdots$①　　$y=x+4\cdots$②　　①と②からyを消去すると，$\frac{1}{2}x^2=x+4$　　$x^2=2x+8$　$x^2-2x-8=0$　　$(x+2)(x-4)=0$　　$x=-2,\ 4$　　$x=4$を②に代入して，$y=4+4=8$　よって，A(4，8)

問2　Bのx座標は-2　　②の直線とy軸との交点をCとすると，C(0，4)　　$\triangle OAB=\triangle OAC+\triangle OBC=\frac{1}{2}\times4\times4+\frac{1}{2}\times4\times2=8+4=12$

重要　問3　点Aからy軸へ垂線ADを引くと，AD＝4，CD＝8－4＝4　　求める立体の体積は，底面が半径4の円で高さが8の円錐の体積から，底面が半径4の円で高さが4の円錐の体積をひいたものになるから，$\frac{1}{3}\times\pi\times4^2\times8-\frac{1}{3}\times\pi\times4^2\times4=\frac{64}{3}\pi$

★ワンポイントアドバイス★

3問7で，a，b，xが整数で，$a<x<b$を満たすxの個数は，$b-a-1$で求めよう。

<英語解答>

1	1 ④	2 ③	3 ②	4 ①	5 ⑤			
2	6 ⑤	7 ②	8 ①	9 ③	10 ④			
3	11 ②	12 ①	13 ③	14 ③	15 ⑤			
4	16 ①	17 ①	18 ①	19 ③	20 ⑤			
5	21 ⑤	22 ①	23 ②	24 ③	25 ④			
6	26 ③	27 ⑤	28 ②	29 ①	30 ④			
7	31 ④	32 ①	33 ③	34 ②	35 ①	36 ③	37 ④	38 ⑤
	39 ②	40 ⑤						

○推定配点○
7　各4点×10　　他　各2点×30　　　計100点

＜英語解説＞

1　(発音)

問1　④は[ɑ]，他は[ou]。　問2　③は[æ]，他は[ei]。　問3　②は[iː]，他は[e]。
問4　①は[ɔ]，他は[u]。　問5　⑤は[i]，他は[ʌ]。

2　(アクセント)

問1　⑤は第2音節，他は第1音節を強く読む。　問2　②は第2音節，他は第1音節。
問3　①は第2音節，他は第1音節。　問4　③は第2音節，他は第1音節。
問5　④は第2音節，他は第1音節。

基本　3　(語句補充・選択：前置詞，構文，比較，不定詞)

問1　「あなたの息子の誕生日は6月ですか」　<in ＋月>「～月に」
問2　「ニューヨークに日本人学校はありますか」　<There is ＋単数名詞>「～がある」
問3　「私は9時まで勉強してその後1時間テレビを見るつもりだ」　up to ～「～まで」
問4　「この本はあの本と同じくらいおもしろい」　as … as ～「～と同じくらい…」
問5　「何か冷たい飲み物をくれませんか」　something cold to drink「何か冷たい飲み物」

基本　4　(言い換え・書き換え：助動詞，代名詞，前置詞，単語)

問1　「川沿いで昼食を食べましょう」「川沿いで昼食を食べませんか」　Shall we ～ ?「～しませんか」
問2　「これらの教科書は私たちのものだ」「これらは私たちの教科書だ」　our「私たちの～」
問3　「メアリーはカナダに滞在している時にナイアガラの滝に行った」「メアリーはカナダ滞在中にナイアガラの滝に行った」　during ～「～の間に」
問4　「タケシは私のいとこの父親だ」「タケシは私のおじだ」　uncle「おじ」
問5　「私は本当にハンバーガーが好きだ」「ハンバーガーは私の大好きな食べ物だ」　be fond of ～「～が好きだ」　favorite「お気に入りの，大好きな」

重要　5　(語句整序：文型，前置詞，熟語，関係代名詞，現在完了進行形，動名詞)

問1　(My father) bought me a new bike for my (birthday.)「父は私の誕生日に新しい自転車を買ってくれた」　<buy ＋人＋もの>「(人)に(もの)を買う」　for one's birthday「～の誕生日のために」
問2　(This train) will arrive at Tokyo Station in ten (minute.)「この電車は10分後に東京駅に着く」　arrive at ～「～に着く」　<in ＋時間>「(今から)～後に」
問3　(This is) the book I have been looking for.「これは私がずっと探していた本だ」　the book の後ろに目的格の関係代名詞が省略されており，I have been looking for「私がずっと探していた」が book を後ろから修飾する。現在完了進行形 have been ～ing「ずっと～している」　look for ～「～を探す」
問4　How about going to the movies tomorrow (evening?)「明日の晩，映画に行くのはどうですか」　How about ～ing?「～するのはどうですか」
問5　(My) watch says it's twenty-five to one.「私の腕時計では1時まであと25分だ」　say は「(主語)に…と書いてある」の意味がある。時間の表し方で，twenty-five to one は「1時まであと25分(12時35分)」という意味。ten to two なら「2時まであと10分(1時50分)」。

基本 **6** (対話文完成：口語表現)

問1　A：ケイコ，春の予定はある？／B：3月に沖縄に行くつもりよ。／A：また？　去年も行かなかった？／B：うん，行ったよ。／A：あなたは本当に沖縄が大好きなのね。／B：そうよ，待ちきれないわ。

問2　A：こんにちは，ナンシー。眠そうだね。／B：こんにちは，パット。ええ，眠いわ。私は数学の宿題をするために夜更かししたの。私たちは近頃宿題が多すぎるって思わない？／A：僕もそう思うよ。僕たちの数学の先生は素晴らしいけど宿題が多すぎる。

問3　A：すみません，タナカ先生。／B：うん？／A：今，お話してもいいですか？　手伝ってもらいたいことがあるんですが。／B：もちろんだよ。私は君のために何をすればいいかい？

問4　A：タケシが僕たちのチームをやめるって聞いた？／B：本当？　彼は僕たち選手でトップの1人だよ。／A：うん，そうだ。僕は何と言っていいのかわからないよ。

問5　A：すみません。／B：はい？／A：時間がわかりますか？／B：1時30分です。　Do you have the time？は「時間がわかりますか，今何時ですか」の意味で，時刻を尋ねる言い方である。相手に時間があるか(暇かどうか)を尋ねる言い方ではないので注意しよう。

7 (長文読解問題・物語文：内容吟味，英文和訳・選択，語句補充・選択，接続詞，内容一致)

(全訳)　トモコと母親のヒロエは大島の空港でリョウと彼の家族を待っていた。「トモコ，ずいぶんうれしそうね」とヒロエが言ったが，トモコは何も言わなかった。リョウがもうすぐ出てくるので，彼女はゲートを見ていた。トモコは「私は彼に最初に何て言おうかな？」と考えていた。すると彼女の母親が「ああ，ヨウジが出てくるわ。ヨウジ！　こっちよ！　私たちの島にようこそ！」と言った。

トモコは「ママ，ヨウジって誰？」と言った。

「彼の名前を知らないの？　ヨウジは私の弟で，リョウの父親よ」とヒロエが答えた。トモコはいつも彼をおじさんと呼ぶので，彼の本当の名前を知らなかった。

ヨウジの後に，リョウとリョウの妹のモモカがゲートを通って出てきた。リョウはトモコを見つけてうれしそうに「(ア)久しぶり，トモコ！　僕たちが大島で素晴らしい時を過ごすことを願っているよ」と言った。その後，トモコはリョウとたくさんのことについて話したが，彼女はその時とても興奮していた(イ)ので，そのほとんどすべてを忘れてしまった。

その晩，トモコと彼女の両親はお客さんのために盛大なパーティーを開いた。トモコの父親は釣りが得意だった。リョウと彼の家族が到着する前に，彼は海に釣りに行った。彼はたくさんの新鮮な魚を捕まえ，それらを家に持って帰った。トモコの家族は皆，料理が上手だ。彼らは刺身を作り，たくさんの料理をした。リョウの家族はその食事を楽しみ，多くのことを話した。

「家のすべてを掃除していなくてごめんなさい。私たちはここに住んでまだ1か月なの。ここに引っ越してくる前は，私たちは明石島に住んでいたから」

「明石島？　それはどこにあるの？」とリョウが尋ねた。

「あら，知らないの？　明石島は大島の南東の沖にある小さな島で，日本の最南端の島よ。私たちは今月の初めまでそこに住んでいたの」とヒロエが答えた。

「どうしてここに来たの？」とリョウが尋ねた。

「最大の理由は，明石島には高校がないことよ。明石島の学生は高校生になりたければ自宅をでなくてはならない。トモコは今月，中学校を卒業したの。彼女は大島の高校に通いたかったから，私たちも彼女と一緒に来たのよ」

「島に高校がない？」とリョウが尋ねた。

ヒロエはリョウに，コンビニも信号もタクシーも電車もないと言った。

「郵便局は？」

「1つだけあるわ，でも銀行はない」

「父さん，このことについて知っていた？」

モモカは彼らの会話が気に入らず，コーラを飲み続けていた。

「もちろんだよ，リョウ，そこは私の島でもある」

「そうなの？　知らなかったよ。その島はどんな感じ？　ねえ，父さん，僕は明日，トモコと一緒に明石島に行きたい。いいかな？」とリョウが言った。

トモコは「私と一緒に？」と言った。

「モモカ，あなたも一緒に来たい？」

「私はそう思わない。私はここの近くの海に，トモコのお母さんと一緒に泳ぎに行きたい」

「いいわよ」とヒロエが微笑んだ。

「おもしろい旅行になりそうだな。リョウ，楽しんで来いよ」とヨウジが言った。

そしてリョウは翌日に備えるために早く寝たいと言い，そのあとすぐにシャワーを浴びに行った。その晩，トモコはベッドの中で，その日の出来事を思い出した。彼女は遅くまで眠れなかった。

翌朝，トモコとリョウは南港で明石島行きのフェリーに乗った。

「すごく気持ちのいい海風！」とトモコが言った。

「そうだね」とリョウが言った。「もう島がとても大きく見えるよ」

「すぐに到着するよ」とトモコがうれしそうに言った。

「島に到着したら最初に誰に会いたい？」

「まず，クロに会いたいな。わたしのおばが飼っている猫よ。1週間会っていないわ」

「たった1週間？」とリョウが言った。

彼らのフェリーの汽笛が鳴り，トモコの故郷の島に着岸した。

やや難　問1　トモコの母はヒロエで，リョウの父はヨウジ。ヒロエとヨウジはきょうだいなので，トモコとリョウはいとこ同士である。

問2　Long time no see. は「久しぶり」という口語表現。

問3　because は理由を表す接続詞。

重要　問4　②「トモコの父は料理が得意だ」(〇)　空所(イ)の次の段落参照。「トモコの家族は皆，料理が上手だ」とある。

やや難　問5　ヒロエの「今月の初めまで明石島に住んでいた」「トモコは今月中学校を卒業した」という言葉から，3月上旬に引っ越ししたと考えられる。

問6　トモコは中学を卒業したばかりなので15歳。

重要　問7　郵便局は明石島にあるが，高校，信号，銀行はない。また明石島の空港については本文に記述がない。文章中に出てくる空港は大島の空港である。

問8　明石島には高校がなく，大島の高校に通うために引っ越ししたため，⑤が適切。

問9　リョウはヒロエに明石島について様々な質問をしていたが，モモカはその会話を気に入らずコーラを飲み続けていた。よってモモカは明石島にあまり興味がない，と言える。

問10　トモコは明石島に着いたら最初におばの飼っている猫に会いたい，と言っているので⑤が適切。

★ワンポイントアドバイス★

7の長文読解問題は，冒頭部分をよく読んで登場人物の関係を正確に把握することが重要である。

＜国語解答＞

一　問一　A　③　B　⑤　C　③　D　②　問二　A　④　B　①　問三　A　④　B　①　C　③　D　②　E　⑤　問四　A　④　B　②　問五　A　④　B　③　問六　①　問七　A　②　B　④　問八　⑤　問九　①

二　問一　③　問二　②　問三　④　問四　①　問五　②　問六　④　問七　①　問八　②　問九　③　問十　③　問十一　④　問十二　②

三　問一　④　問二　③　問三　①　問四　③　問五　④　問六　③　問七　②　問八　②

○推定配点○

一　各2点×20　二・三　各3点×20　計100点

＜国語解説＞

一　(漢字の読み書き，語句の意味，対義語，四字熟語，慣用句，品詞・用法，文学史)

基本　問一　Aの音読みは「タン」。熟語は「冷淡」など。Bは適切であること。Cの音読みは「ショウ」。熟語は「詳細」など。Dは期待すること。

問二　それまでのやり方を受け継ぐことという意味のAの対義語は，まったく新しいものにすることという意味の「刷新」。機嫌が悪いという意味のBの対義語は，機嫌がよいという意味の「上機嫌」。

重要　問三　A＝即決，①団結②補欠③清潔④採決⑤輸血。B＝装飾，①修飾②就職③保護色④移植⑤接触。C＝憂鬱，①誘惑②左右③憂慮④有言実行⑤余裕。D＝告白，①拍手②白線③博識④伯父⑤薄情。E＝分別，①雰囲気②噴火③興奮④紛失⑤五分。

やや難　問四　Aの他の意味は，①はまわりが敵ばかりで助けるものがいないこと。②は人目を気にせず勝手気ままにふるまうこと。③は目的を達成するため苦労に耐えること。⑤は人間のさまざまな感情。Bの他の意味は，①は物事の順番や展開の方法の一つ。③はさまざまに込み入っていて複雑なこと。④は勢いの盛んな者も必ず衰え滅びるということ。⑤は栄えることと衰えることを繰り返すさま。

問五　Aの他の意味は，①は作品などの導入部，物事の始まりや発端という意味，②は哲学，③は複雑なという意味のほか劣等感という意味，⑤は決まった形式で整理されたデータの集まりのこと。Bの他の意味は，①は生命工学，生命技術，②は不用品などを再生して利用すること，④はさまざまな束縛や抑圧による非人間的状態から人間の解放を目ざす思想，⑤は生活様式，また個人の生き方のこと。

問六　他の作者の作品は，②は『舞姫』など，③は『雪国』など，④は『金閣寺』など，⑤は『こころ』など。

問七　Aの「板につく」は立場や地位などに慣れてふさわしくなってくること。Bの「腰をすえる」はじっくりと落ち着いて物事をすること。

重要　問八　――線と⑤は直後の言葉を修飾する連体格の格助詞。①は主格を表す格助詞。②は体言代用の格助詞。③は終助詞。④は名詞「合いの手」の一部。

問九　「おそらく」は推量の意味の「のだろう」に呼応する副詞。

二　(論説文－大意・要旨，内容吟味，文脈把握，指示語，接続語，脱語補充，語句の意味)

問一　――線Aは「この国の人々ははるかな昔から自分のことを『わ』と呼んできた」ことを指す。

問二　――線Bの「これ」は「日本がやがて中国の王朝と交渉するようになったとき，日本の使節団は自分たちのことを『わ』と呼んだ」ことを指すので②が適当。

重要　問三　――線Cの説明として直後と次段落で「和は倭と同じ音でありながら，倭とはまったく違う誇り高い意味の漢字」であること，「和という字は……対立するものを和解させ，調和させる力」が根底にある「この国の文化の特徴を……表している」ことを述べているので，このことを踏まえた④が適当。中国との関係を説明している①・②，③の「日本の文化の優位性を他国に示した」はいずれも不適当。

問四　空欄Dは直前の内容を言い換えた内容が直後で続いているので①の「つまり」が入る。

問五　②の「和蘭」はオランダを漢字に表したもの。

問六　空欄Fは，天地＝天と地，鬼神＝鬼と神，男女＝男と女といったもののことなので，性質が違うという意味の④が入る。

問七　――線Gは直前の「江戸時代以前の日本の文化とその産物」を指しているので①が適当。

問八　――線Hは中国の人々に「からかいと侮辱をこめて」呼ばれた倭を「和という誇り高い言葉に書き換えたにもかかわらず」，「今度は日本人みずから……築いてきた文化を和と呼んで卑下しはじめたこと」に対するものなので，このことを踏まえた②が適当。H前後の内容を踏まえていない他の選択肢は不適当。

基本　問九　「幅を利かす」は勢力を広げて権力などを振るうという意味なので③が適当。

重要　問十　本来の和は対立するものを調和させるものであったが，近代になって私たちが和と呼んできたものは生活の隅っこに押しこめられてしまっていることを，――線Jのように述べているので③が適当。現代の日本人が本来の和の意味を見失っていることを説明していない他の選択肢は不適当。

重要　問十一　――線Kは，和服や和食といった「現代の生活の片隅に追いやられてしまっている……本来の和が生み出した産物」が「和の化石であり，残骸にすぎない」ということなので④が適当。近代以前の本来の和の意味を失い，形式的になっていることを説明していない他の選択肢は不適当。

やや難　問十二　②は「この国の歌を……」から始まる3段落で述べている。①の「新たな意味をもって……共存している」，④の「生活や文化の中に生き続ける和」は合致しない。「和という言葉」は日本人が倭を改めた漢字なので，③も合致しない。

三　(古文－内容吟味，文脈把握，口語訳，文学史)

〈口語訳〉　船の旅路。日がとてもうららかに照っていて，海面が，とてものどかで波もなく，浅緑色の(つやを出すために)打った衣を張り渡したようで，少しも恐ろしい様子もない時に，若い女などの，袙や袴などを着ているのや，さむらいの者の若々しいのなどが，一緒に櫓というものを押して，船歌をさかんに歌っているのは，とても面白くて，高貴な方々にもお見せ申し上げたく思いながら行くと，風がひどく吹いて，海の面がただ荒れに荒れてくるので，平常心も失って，船が次に泊まる予定の所に漕ぎつける間に，船に波が打ちかけているありさまなどは，一瞬であれほど平穏だった海とも見えなくなるのだ。

　思うに，船に乗ってこぎまわる人ほど，あきれるほど不気味で恐ろしいものはない。ある程度の深さであってさえも，そんな頼りないものに乗って，こぎ出して行っていいものなのか。まして，底の果てもわからず，千尋まではるか遠くに広がっているというのに。物をたくさん積み込んでいるので，水際までほんの一尺ぐらいさえもないのに，船乗りたちが，少しも恐ろしいものとも思わずに走りまわり，ちょっとでも下手をすれば沈みもしようかと思うのに，大きな松の木などの，長さ二,三尺の丸太を，五つ六つ，ぽんぽんと投げ入れなどするのは，恐ろしいものだ。

屋形船で櫓を押している。けれど，奥に乗っている者は安心だ。船のはしっこに立っている者は，目がくらむような気がする。早緒と名前をつけて，櫓とかに結びつけた綱の弱そうなことと言ったら。もしそれが切れたら，何の役に立つというのか。すぐに海に落ち入ってしまうだろうに。それでさえ太くなどもない。

私の乗っている船は，きれいに作ってあって，妻戸を開け，格子を上げなどして，そんなに水と同じ高さにあるといった感じではないので，まるで小さい家に乗っているという風だ。船の中から他の小船を見やるのは恐ろしい。遠いのは本当に笹の葉で船を作って，うち散らしてあるのに，とてもよく似ている。船泊まりしている所で，船ごとにともしてある火は，またとても風情があるように見える。

はし船と名付けて，とても小さい船に乗って漕ぎまわる。早朝など，とてもしみじみした感じがする。あとの白浪は，本当に次々と消えていくものなのだ。すぐれた人は，やはり船に乗って動きまわるべきではないことと感じられる。陸地を歩く旅路もまた恐ろしいものであろうが，それは，なんといっても足が地についているのだから，とても安心なのである。

問一　「いみじ」は善悪ともに程度がはなはだしいというのが基本の意味で，何の程度かは文脈で判断する。アは「とてものどかで」，エも「とても小さい」，イは「さかんに歌っている」，ウは「(船乗りたちが大きな松の木を投げ入れると船が沈みそうで)恐ろしい」という意味になる。

重要　問二　――部Aの「打ちたる」はつやを出すために布を打つことで，「海の面」をそのような布を張り渡した様子にたとえているので③が適当。「打ちたる」「ひきわたしたる」を踏まえていない他の選択肢は不適当。

問三　――部Bは「作者」が「船に乗りてありく人」に対して恐ろしく思っているということ。

問四　――部Cの「をかし」は「風情がある，趣がある」という意味。

問五　――部Dは「早朝」という意味。ほかに「翌朝」という意味もある。

問六　「風いたうふき……」直前までは，海面がのどかで「若き女などの袙」や袴を着ている者やさむらいの者の若々しい者などが一緒に櫓を押して船歌を歌っているのは「いとをかしう」ということを述べている。「風いたうふき……」から，風がひどく吹いて海が荒れることや「船に浪のかけたるさま」といった，船旅に対する恐怖についての内容がはじまっている。

やや難　問七　②は「おもへば……いみじけれ」で述べている。のどかで波もない船旅は少しも恐ろしい様子もなく，若い人たちが船歌を歌っているのはとても面白い，と述べているので①は合致しない。陸地を歩く旅路もまた恐ろしいものであろうが，と述べているので③も合致しない。作者の乗っている船は水と同じ高さではなく，小さい家に乗っている風だと述べているが，④の「いつ沈没してしまうかと心細くて仕方がない」とは述べていないので合致しない。

基本　問八　他の作者の作品は，①は『源氏物語』など，③は『和泉式部日記』など。④は歌人で『古今集』などに歌がおさめられている。

★ワンポイントアドバイス★

古文では，随筆や説話集などジャンルにも注意して，作者が述べようとしていることを読み取っていこう。

2021年度

★★★★★★★★★★★★★★★★★★★★★★★

入　試　問　題

2021年度

横浜商科大学高等学校入試問題

【数　学】（40分）〈満点：100点〉

【注意】 電卓・ものさし・コンパス・分度器を使用することはできない。

1 次の式を計算しなさい。解答は各問いの解答群から1つ選びなさい。

問1 [1] $(-2)^2-3^2\times(-2)$

① -14　② 10　③ 14　④ 26　⑤ 22　⑥ -26

問2 [2] $\dfrac{\sqrt{48}}{0.2}-\dfrac{\sqrt{27}}{0.3}$

① $\sqrt{3}$　② $2\sqrt{3}$　③ $4\sqrt{3}$　④ $6\sqrt{3}$　⑤ $8\sqrt{3}$　⑥ $10\sqrt{3}$

問3 [3] $8a\times(-6ab^3)\div(-2ab)^2$

① $-12ab^2$　② $12ab^2$　③ $-12b$　④ $12b$　⑤ $-24ab^2$　⑥ $24ab^2$

問4 [4] $(\sqrt{3}+1)^2-(\sqrt{5}-1)(\sqrt{5}+1)$

① $2\sqrt{3}$　② 0　③ -2　④ $2\sqrt{5}$　⑤ $\sqrt{3}$　⑥ $\sqrt{5}$

2 次の方程式を解きなさい。解答は各問いの解答群から1つ選びなさい。

問1 [5] $(2x-1)^2+4(2x-1)=-4$

① $x=\dfrac{1}{2}$　② $x=-\dfrac{1}{2}$　③ $x=2$　④ $x=-2$　⑤ $x=1$　⑥ $x=-1$

問2 [6] $\dfrac{x^2}{15}-\dfrac{x}{3}=\dfrac{1}{5}(x+1)$

① $x=3\pm2\sqrt{10}$　② $x=3\pm\sqrt{10}$　③ $x=4\pm2\sqrt{19}$　④ $x=4\pm\sqrt{19}$
⑤ $x=4\pm2\sqrt{17}$　⑥ $x=4\pm\sqrt{17}$

3　次の各問いに答えなさい。解答は各問いの解答群から1つ選びなさい。

問1　7　12%の食塩水400 gと，16%の食塩水600 gを混ぜると何%の食塩水ができるか求めなさい。

① 12.8%　② 13.2%　③ 13.6%　④ 14.0%　⑤ 14.4%　⑥ 14.8%

問2　8　図のように，半径1の円の円周を6等分する点A，B，C，D，E，Fがある。さいころの6つの面に，図の円周上の点を表すAからFの文字のシールが貼ってある。このさいころを2回投げ，出た文字の2つの点を結んだとき，線分の長さが1になる確率を求めなさい。ただし，同じ文字が出たときは線分の長さを0とする。

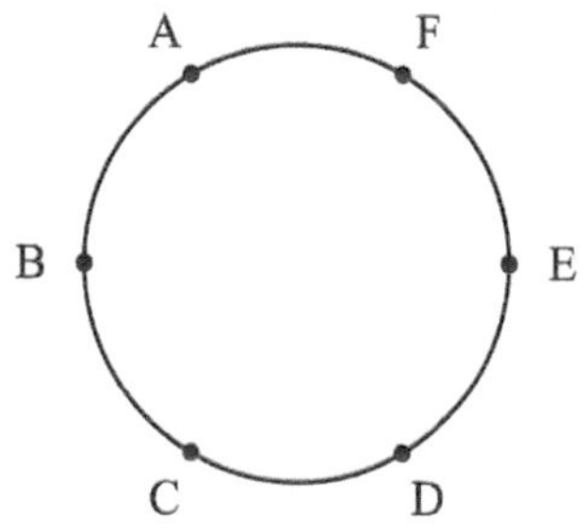

① $\frac{1}{3}$　② $\frac{1}{4}$　③ $\frac{1}{6}$　④ $\frac{1}{2}$　⑤ $\frac{2}{3}$　⑥ $\frac{3}{4}$

問3　9　$\sqrt{\frac{540}{n}}$ が自然数になるような自然数nは何個あるか求めなさい。

① 1個　② 2個　③ 3個　④ 4個　⑤ 5個　⑥ 6個

問4　10　2点$(2,\ -2)$，$(-1,\ 4)$を通る直線と傾きが等しく，点$(3,\ -1)$を通る直線の式を求めなさい。

① $y=2x-5$　② $y=2x-7$　③ $y=\frac{1}{2}x-\frac{5}{2}$　④ $y=-2x+7$

⑤ $y=-2x+5$　⑥ $y=\frac{1}{2}x-\frac{1}{2}$

問5　11　$a=\frac{1+\sqrt{5}}{2}$ のとき，a^2-a-1の値を求めなさい。

① $\sqrt{5}$　② $-\sqrt{5}$　③ 0　④ $3+\sqrt{5}$　⑤ -1　⑥ 1

問6　12　m，nは定数とする。2次方程式$3x^2+mx+n=0$の解が$x=-2,\ -1$のとき，nの値を求めなさい。

① 2　② 3　③ -6　④ -9　⑤ 6　⑥ 9

問7　13　AB＝6，BC＝3，CA＝4の△ABCがある。∠BAC＝∠BCDとなるように線分CDを引いたとき，線分CDの長さを求めなさい。

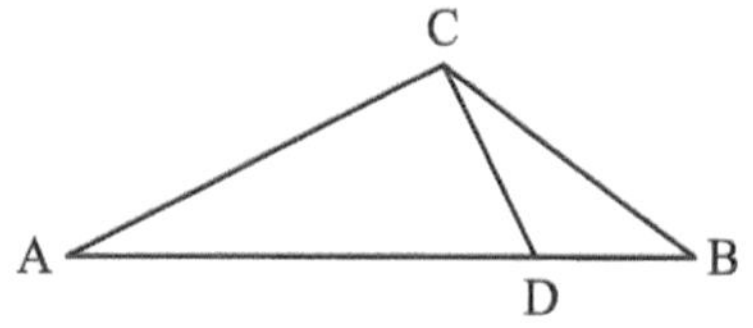

① 6　② 4　③ $\frac{3}{2}$　④ $\frac{9}{2}$　⑤ 3　⑥ 2

問 8 14 図のような，AB＝3，AD＝4，AE＝6の直方体ABCDEFGHがある。辺FGの中点をMとし，この直方体に頂点Aから辺BFと交わるように点Mまで糸をかける。かける糸の長さが最も短くなるときの，糸と辺BFとの交点をPとする。
このとき，線分APと線分PMの長さの比を最も簡単な整数比で表しなさい。

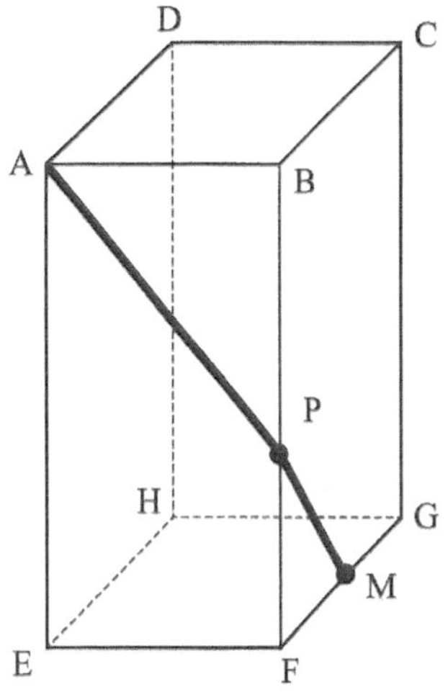

① 4：3　② 3：2　③ 2：1　④ 6：5　⑤ 3：1　⑥ 1：1

問 9 15 図の△ABCは，AC＝4，BC＝$\sqrt{13}$，BA＝BCの二等辺三角形である。この△ABCを辺ACを軸として1回転させてできる立体の体積を求めなさい。

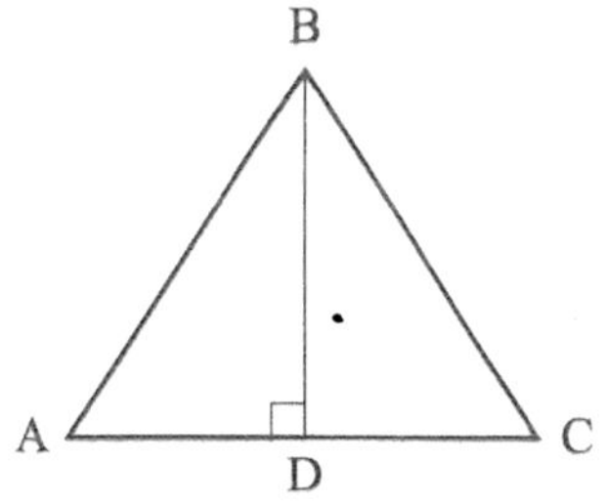

① $\dfrac{4\sqrt{13}}{3}\pi$　② $4\sqrt{13}\,\pi$　③ 24π　④ 16π　⑤ 12π　⑥ 8π

問10 16 図のように，中心Oの円周上に，3点A，B，Cがあり，∠AOB＝42°，AO∥BCとする。
∠ODCの大きさを求めなさい。

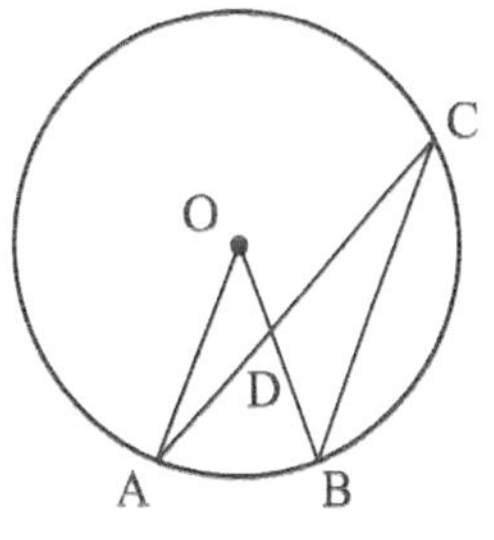

① 43°　② 84°　③ 53°　④ 74°　⑤ 63°　⑥ 64°

問11 17 図のような正方形ABCDがあり，辺AB上に点E，辺BC上に点Fをとり，△DEFが正三角形になるようにする。

∠ADEの大きさを求めなさい。

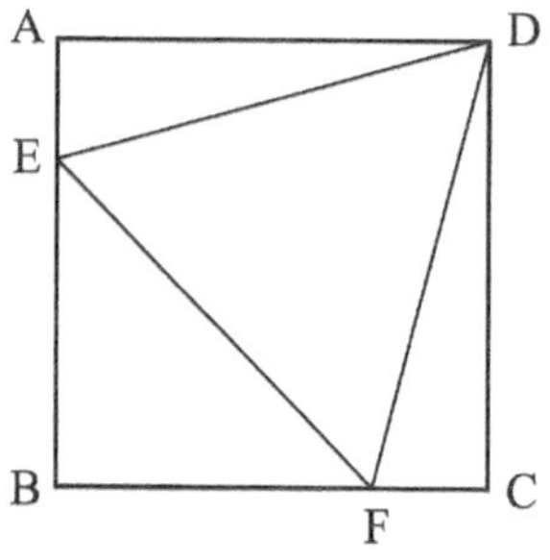

① 10°　② 15°　③ 20°　④ 25°　⑤ 30°　⑥ 35°

4 $y=ax^2$…①，$y=\dfrac{3}{x}$…②$y=x+b$…③（a，bは定数とする）のグラフが点Bで交わっている。②と③の交点はA(−3，−1)，B(1，3）である。原点Oを通る直線と②との交点で，点Aと異なる点をCとするとき，以下の問いに答えなさい。解答は各問いの解答群から1つ選びなさい。

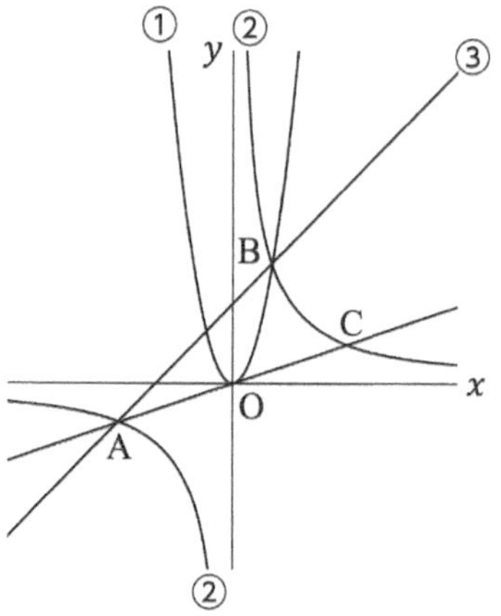

問1 18 a，bの値を求めなさい。

① $a=3$，$b=3$　② $a=2$，$b=3$　③ $a=2$，$b=2$　④ $a=3$，$b=2$
⑤ $a=1$，$b=2$　⑥ $a=1$，$b=3$

問2 19 2点B，Cを通る直線の式を求めなさい。

① $y=-x+4$　② $y=-2x+5$　③ $y=-3x+6$　④ $y=x-2$
⑤ $y=2x+1$　⑥ $y=3x$

問3 20 △ABCの面積を求めなさい。

① 6　② 7　③ 8　④ $\dfrac{8}{3}$　⑤ $\dfrac{7}{2}$　⑥ 9

【英　語】（40分）〈満点：100点〉

1　次の各組の下線部の発音が，他と異なるものを1つ選びなさい。

問1　1

① open　② cold　③ sorry　④ only　⑤ home

問2　2

① answer　② glass　③ happen　④ thank　⑤ famous

問3　3

① world　② hour　③ heard　④ turn　⑤ girl

問4　4

① said　② bread　③ anything　④ change　⑤ breakfast

問5　5

① example　② excuse　③ next　④ sixty　⑤ text

2　次の各組の語の中で，最も強く発音する音節の位置が他と異なるものを1つ選びなさい。

問1　6

① lan-guage　② rock-et　③ thir-teen　④ foot-ball

⑤ sec-ond

問2　7

① prac-tice　② re-peat　③ or-ange　④ sub-ject

⑤ text-book

問3　8

① grand-fa-ther　② In-ter-net　③ un-hap-py　④ fa-vor-ite

⑤ tel-e-phone

問4　9

① ter-ri-ble　② dan-ger-ous　③ sta-di-um　④ nat-u-ral

⑤ de-li-cious

問5　10

① in-ter-est-ing　② te-le-vi-sion　③ el-e-va-tor　④ com-mu-ni-cate

⑤ dic-tio-nar-y

3　次の各文がほぼ同じ意味になるように(　　)内に入る最も適切な語(句)の正しい組み合わせを一つ選びなさい。

問1　11

Mary and I will meet at Yokohama City Museum.

Mary and I are (　　　) (　　　) meet at Yokohama City Museum.

① coming / to　② wanting / to　③ used / to　④ having / to　⑤ going / to

問 2 12

We found no food in the kitchen.

We did not find anything (　　) (　　) in the kitchen.

① to / eat　② to / eating　③ to / eaten　④ eating / food

⑤ food / eating

問 3 13

You must not tell anyone about it.

(　　) (　　) anyone about it.

① Not / telling　② Not / saying　③ Don't / talking　④ Not / to speak

⑤ Don't / tell

問 4 14

I was sad when I heard of his death.　※death　死

I was sad (　　) (　　) of his death.

① heard / to　② to / hear　③ hearing / to　④ to / listen

⑤ listened / to

問 5 15

My hair is longer than hers.

Her hair is (　　) long as (　　).

① not as / mine　② more / mine　③ very / mine　④ so / mine

⑤ not very / mine

4 各組の英文の(　　)内に，共通してあてはまる最も適切な語を1つ選びなさい。

問 1 16

I arrived (　　) Yokohama Station this morning.

I got up (　　) five yesterday morning.

① at　② on　③ in　④ for　⑤ to

問 2 17

Her face was covered (　　) dust.

I like sandwiches (　　) tuna and egg in them.

① in　② with　③ to　④ for　⑤ at

問 3 18

We worked hard and (　　) last we *finished our homework.

He works (　　) night.

*finish：～を終える

① for　② on　③ in　④ at　⑤ to

問 4 19

I have heard a lot (　　) you.

He wrote a book (　　) animals.

① about　② to　③ from　④ for　⑤ at

問５ 20

Get (　　　) of here!

Take this desk (　　　), please.

① in　② on　③ from　④ for　⑤ out

5 意味の通る英文となるように(　　)内の語(句)を並べ替え，その３番目と５番目になる語(句)の組み合わせとして適切なものを選びなさい。ただし，文頭に来る語も小文字で表記してあります。

問１ 21

(ア I　イ where　ウ car　エ clean　オ can　カ my)?

① イ・カ　② オ・エ　③ ウ・ア　④ ア・カ　⑤ ア・ウ

問２ 22

(ア done　イ not　ウ he　エ homework　オ has　カ his).

① オ・ウ　② イ・カ　③ ウ・オ　④ エ・ア　⑤ エ・イ

問３ 23

I (ア eat　イ want　ウ apple　エ that　オ to　カ don't).

① オ・エ　② イ・オ　③ カ・イ　④ ア・ウ　⑤ ウ・エ

問４ 24

She (ア three tickets　イ going　ウ to　エ for　オ buy　カ is) the show.

① イ・ウ　② ウ・ア　③ オ・ア　④ カ・イ　⑤ オ・イ

問５ 25

He is (ア famous　イ of　ウ singers　エ one　オ the　カ most) in the world.

① オ・ウ　② エ・ウ　③ カ・ア　④ エ・ア　⑤ オ・ア

6 各組の会話を完成させるために，(　　)に入る最も適切な文を１つ選びなさい。

問１ 26

A：Hi! How have you been?

B：I'm tired. I have been very busy at work.

A：You work too much. (　　　)

B：Thanks. I will.

① Good job!　② You look sad.　③ Stop for five minutes.

④ Don't worry.　⑤ That's wonderful!

問２ 27

A：What's that book?

B：This is an Italian language book.

A：Do you speak Italian?

B：No, I don't. But (　　　)

① I'm studying it now.　② I don't want to eat it.　③ I like Italian food.

④ Italians are kind people.　⑤ I want it.

問3 28

A：Excuse me, what are these small shirts for?

B：They are for my dogs. (　　　)

A：Yes, they are!

B：I found them on the Internet.

① Do you want to try one on?　② Do you need one?　③ They're cute, aren't they?

④ They were made in Italy.　⑤ He is my favorite.

問4 29

A：Do you have any plans for dinner?

B：No, I don't.

A：Do you want to have *sushi*? I know a good *sushi* restaurant.

B：(　　　) I've always wanted to try *sushi*.

① Wait a minute.　② I'd love to.　③ Not much.

④ I don't like Japanese food.　⑤ I want to go to Japan.

問5 30

A：Can you help me with this? It is heavy.

B：Sure.

A：Thank you.

B：(　　　)

① Don't worry.　② Anytime.　③ I like them.

④ No, they aren't.　⑤ Not much.

7 次の英文を読んで，以下の問いに答えなさい。

On November 10, second year students of YS High School left for Kyushu on a school trip. Their trip was five days long. One of them, Takahashi Haruna wrote about the trip in her diary.

On the first day, we met at Haneda *Airport at eight thirty in the morning and arrived at Fukuoka Airport at ten fifteen. *Bus tour guides were waiting for us when we came out of the airport. Because the guide for our class is the (ア) and the most *cheerful of them, the boys were very happy to see her. Of course, we girls were also excited. Mr. Sato (イ) is our homeroom teacher was happy, too. On the bus, she *introduced herself. She just *graduated from her high school this spring. So, she was older than us (ウ) only two years. Soon, we made friends with her. (November 10)

On the second day, we (エ) the "*Atomic Bomb Museum." A lot of pictures and things showing the damage done by the atomic bomb *were exhibited there. It *was dropped on August 9, 1945. Some girls felt so sad, and others were in *tears. We hoped such a terrible thing would never happen again.

After that we walked around Nagasaki. Our group went to *Chinatown and had lunch. I got "**Champon*," a kind of *Chinese *noodle soup with seafood, meat and vegetables in it. My friend, Mana, got "**Saraudon*," a kind of yakisoba. We *shared the "*Champon*" and "*Saraudon*." They were so good, and we were so hungry, that we *finished eating very *quickly. (November 11)

On the third day, we enjoyed (オ)doing "**Peron Boat*" races.

"Peron," pylon in *Chinese, means white dragon. Chinese boats which stayed at Nagasaki Port *were wrecked by a storm, and a lot of people drowned and *died. (カ) It is said that people started to do "*Peron Boat*" *races to *calm the anger of a god of the sea.

From each class, 20 students got on a boat and competed. All of them *rowed hard to win the race. The good thing is that our team won the race and got a boat *oar as a *prize. (November 12)

On the fourth day, we went to **Dazaifu Tenmangu Shrine* (キ) **Sugawara Michizane* *is enshrined in. There is an old plum tree, and it is said that the tree *flew to Kyushu in one night after Michizane was taken to Kyushu. I ate an "**Umegaemochi*" which is linked to this story.

Tomorrow, I am going back to Yokohama. I ate a lot of great food in Kyushu, so I'd like to try cooking some of them when I get back to Yokohama. (November 13)

*airport　空港　*Bus tour guides　バスガイド　*cheerful　元気の良い　*introduced　紹介した
*graduated　卒業した　*Atomic Bomb Museum　原爆資料館　*were exhibited　展示されていた
*was dropped　落とされた　*tears　涙　*Chinatown　中華街　**Champon*　ちゃんぽん
*Chinese　中国の，中国語　*noodle　麺類　**Saraudon*　皿うどん　*shared　分け合った，シェアした
*finished　終えた　*quickly　素早く　**Peron Boat*　ペーロン船　*were wrecked　難破した
*died　死んだ　*races　レース　*calm　鎮める　*rowed　ボートをこぐ　*oar　オール　*prize　賞
**Dazaifu Tenmangu Shrine*　太宰府天満宮　*Sugawara Michizane　菅原道真　*is enshrined　祀られている
*flew to　～に飛んでいった　**Umegaemochi*　梅が枝餅(お菓子)

問1　(ア)に入れるのに最も適切なものを次から1つ選びなさい。　31

① most friendly　② friendliest　③ more friendly　④ friendlier　⑤ friendly

問2　(イ)に入れるのに最も適切なものを次から1つ選びなさい。　32

(キ)に入れるのに最も適切なものを次から1つ選びなさい。　33

① which　② who　③ whom　④ where　⑤ when

問3　(ウ)に入れるのに最も適切なものを次から1つ選びなさい。　34

① on　② of　③ in　④ by　⑤ with

問4　(エ)に入れるのに最も適切なものを次から1つ選びなさい。　35

① came　② arrived　③ visited　④ went　⑤ got

問5　下線部の用法が(オ)と同じものを次から1つ選びなさい。　36

① He is playing tennis now.

② Do you know the girl looking at me?

③ The little girl stood waiting for her mother.

④ Look at the singing woman.

⑤ Our homeroom teacher likes playing the guitar.

問6　下線部(カ)が指すものを次から1つ選びなさい。　37

① "*Peron Boat*" races
② Nagasaki Port
③ that people started to do "*Peron Boat*" races to calm the anger of a god of the sea
④ to do "*Peron Boat*" races
⑤ to calm the anger of a god of the sea

問7　本文の内容と一致するものを１つ選びなさい。　38

① Bus guides were waiting in the lobby of the airport.
② Haruna's class had an *experienced bus guide.
③ The students liked the bus guide.
④ Mr. Sato wanted a more experienced bus guide.
⑤ The students are one year *younger than their bus guide.

*experienced　経験を積んだ　*younger　(～より)若い

問8　本文の内容と一致するものを１つ選びなさい。　39

① Haruna ate only "*Champon.*"
② Mana ate only "*Saraudon.*"
③ Haruna and Mana ate "*Champon*" and "*Saraudon*" together.
④ "*Champon*" and "*Saraudon*" were so large that it took a long time to eat them.
⑤ Haruna and Mana were not hungry, so they didn't feel "*Champon*" and "*Saraudon*" were very good.

問9　本文の内容と一致するものを１つ選びなさい。　40

① "*Peron Boat*" races became popular with tourists.
② Haruna and her friends stayed four nights in Kyushu.
③ There is a famous pine tree in *Dazaifu Tenmangu Shrine.*
④ "*Umegaemochi*" was not delicious.
⑤ *Sugawara Michizane* took the plum tree to *Dazaifu Tenmangu Shrine.*

①対岸にいるほととぎすがかすかに鳴いて天皇御一行の舟の前を通り過ぎた。
②かすみがかかる川に浮かぶ舟の上でほととぎすを見ながら女房が泣いていた。
③舟の上でほととぎすが鳴く声を聞いているうちに時間が過ぎて朝になった。
④夜明けに早く起きていた俊頼だけがかすかに鳴いたほととぎすの声を聞いた。

問四 ――線**D**「おぼえし」は「思った」という意味です。主語として適当なものをひとつ選びなさい。 34

①俊頼　②白河院　③殿上人　④女房

問五 ――線**E**「時にのぞみて、めでたかりき」は「好機ですばらしい」という意味です。何の時機について述べたものですか。適当なものをひとつ選びなさい。 35

①俊頼が和歌を詠みたいと考えた時機。
②白河院が舟を出して河を渡った時機。
③郭公が対岸で鳴き声をあげた時機。
④女房が和歌を口ずさんだ時機。

問六 ――線**F**「新しくよみたらむにはまされり」とありますが、俊頼は何より何の方がまさっていると語っていますか。適当なものをひとつ選びなさい。 36

①新しく作る和歌より人々に知られている有名な古い和歌の方が。
②有名な古い和歌より目の前の景色を見て新しく作る和歌の方が。
③有名な古い和歌より今の時代を反映した新しい和歌の方が。
④新しい和歌を作るより世に知られていない優れた和歌をさがす方が。

問七 ――線**G**「古歌の末」の意味として適当なものをひとつ選びなさい。 37

①古歌の上の句　②古歌の下の句
③古歌の解釈　④古歌の言いかえ

問八 次の和歌のうち背景が「郭公と夏の夜明け」ではないものをひとつ選びなさい。 38

①いそのかみふるき都のほととぎす声ばかりこそ昔なりけれ
②夏の夜のふすかとすればほととぎす鳴くひと声に明くるしののめ
③ほととぎす鳴きつる方をながむればただ有明の月ぞ残れる
④暮るるかと見れば明けぬる夏の夜をあかずとや鳴く山ほととぎす

問九 本文の主題として適当なものをひとつ選びなさい。 39

①古歌の魅力　②白河院の権威
③女房の機転　④俊頼のユーモア

問十 本文の内容にあてはまるものをひとつ選びなさい。 40

①白河院は歌会を開いて人々は順番に和歌を披露《ひろう》した。
②女房はほととぎすの声を聞いて古歌を口ずさんだ。
③殿上人の古歌の知識の豊かさに人々は驚いた。
④俊頼は歌詠みで女房に先を越され面目を失った。

という構図。

③利益の追求にためらいがなくなり、マネーゲーム化がすすむという構図。

④欲望の肥大化が全体として社会を豊かに発展させていくという構図。

問十　本文の内容にあてはまらないものをひとつ選びなさい。 30

①私たち日本人は国家に対してどこか冷めた感情を持っている。

②明治以降の日本は欧米的な人間中心主義の考え方を受け入れてきた。

③神や仏に手を合わせるような伝統的な日本の信仰は消え去りつつある。

④戦後の日本では個人の形成や自立が基本的な価値基準であった。

三

次の古文を読んであとの問いに答えなさい。解答番号 31 ～ 40 までは解答欄⑤は使用しません。

※俊頼朝臣《としよりのあそん》語りていはく、「※白河院《しらかはゐん》、※淀《よど》に※御方違《おんかたたが》への A行幸ありけるに、B五月ばかりのことにやありけむ、※女房《にょうぼう》、※殿上人《てんじゃうびと》の舟、あまたありけるに、暁《あかつき》になるほどに、むかひのかたに※郭公《ほととぎす》一声、Cほのかに鳴きて過ぐ。俊頼、一首詠ぜまほしくDおぼえしに、女房の舟のうちに忍《しの》びたる声にて、

淀の渡りのまだ夜深きに

と※ながめられたりし、E時にのぞみて、めでたかりき。人々、感歎《かんたん》して、今に忘れず。F新しくよみたらむにはまされり」となむいはれけり。

いづかたへ鳴きて行くらむ郭公

といふG古歌の末なるべし。

（「十訓抄」より）

（注）

※俊頼朝臣 ＝ 源俊頼。院政期の歌人。

※白河院 ＝ 第七十二代天皇。院政を開始し、強大な権力を保持した。

※淀 ＝ 京都市伏見区。宇治・桂・木津川の合流点で、水運の地として栄えた。

※御方違え ＝ 自分の行く方角が悪いとき、前日に他の場所に行き、翌日、方角を変えて目的地に向かうという陰陽道の思想のこと。

※女房 ＝ 宮中に仕え部屋をたまわった身分の高い女官。

※殿上人 ＝ 大内裏の清涼殿に昇殿を許された者のこと。

※郭公 ＝ 鳥の名前。初夏に飛来して、初秋に南のほうに去っていく。多くの詩歌に詠まれた。

※ながめ（詠め）＝詩歌を口ずさむこと。

問一　――線A「行幸」したのは誰ですか。適当なものをひとつ選びなさい。 31

①俊頼　②白河院　③殿上人　④女房

問二　――線B「五月」の旧暦における読み方として適当なものをひとつ選びなさい。 32

①むつき　②うづき　③さつき　④はづき

問三　――線C「ほのかに鳴きて過ぐ」とありますが、このときの説明として適当なものをひとつ選びなさい。 33

問一　――線A「自然と人間によって私たちの社会はつくられているという考え方」と異なる考え方をひとつ選びなさい。［21］

①西欧社会がつくりだした合理的な考え方。
②自然に偉大さや神を感じるような考え方。
③神と仏を分けることなく手を合わせる考え方。
④日本の伝統社会から受け継いできた考え方。

問二　――線B「国家観などにもみることができる」の国家観として適当なものをひとつ選びなさい。［22］

①国家とはおもに社会の基盤としてあるものである。
②国家とは国民国家としてつくられているものである。
③国家とは自分と関係をとり結んだ世界のことである。
④国家とは政策によって生活に影響を与えるものである。

問三　――線C「関係をとり結んだ世界」の例としてあてはまらないものをひとつ選びなさい。［23］

①先祖代々の墓がある寺の檀家になること。
②新しい国立病院の見学会に参加すること。
③住んでいる町の自治会の行事に参加すること。
④地元の神社に氏子としてお金を奉納すること。

問四　空欄［D］に入る言葉として適当なものをひとつ選びなさい。［24］

①したがって　②そして　③また　④だが

問五　――線E「私たちの精神の奥に人間の生き方としてもちつづけられていたもの」をいいかえた言葉として適当なものをひとつ選びなさい。［25］

①伝統社会　②現代文明
③コミュニティ　④基層的文明

問六　――線F「倫理」をいいかえた言葉として適当なものをひとつ選びなさい。［26］

①規則　②理論　③道徳　④抽象

問七　――線G「人々は欲望のおもむくままに経済活動をおこない、ためらうことなく自分の利益を追求するようになっていった」理由として適当なものをひとつ選びなさい。［27］

①欲望の肥大化による経済の発展が社会を豊かにすると信じたから。
②社会が下品になっていくことが嘆かわしいことだと感じたから。
③社会に新しい不平等が発生していることを強く感じとったから。
④人間の精神が蝕まれていくのを防ぐには、社会の改革が必要だから。

問八　空欄［H］にことばを入れて比ゆ的な表現を完成させるため適当なものをひとつ選びなさい。［28］

①利点　②果実　③魔力　④金貨

問九　――線I「こうした構図」が指し示す内容として適当なものをひとつ選びなさい。［29］

①人々が以前とは比べものにならないほどに多くの物を所有するという構図。
②社会主義者やアナキストたちが社会の抜本的な改革を求める

たちの精神の奥に人間の生き方としてもちつづけられていたものが、個人の社会のほころびという現実を前にして、前面に出直してきたのだと考えている。そういう思いが閉じ込められた精神として存在していた。いまそれを閉じ込めていた扉《とびら》が開きはじめたのである。その結果、人々はいっせいに、関係の結びなおしやコミュニティの創造について語りはじめた。

伝統社会から継承してきた、現代文明とは異なる文明を私たちは基層的文明としてもちつづけてきたのである。

私たちの社会にはこのような基盤があった。そしてこの社会は、この二十年くらいの間に、急速に現代文明の限界を※露呈していった。

個人の社会の限界も明らかになっていった。自然を人間が支配しようとすることが、いかに問題の多いことなのかも明確になっていった。そしてさらに次のようなことがあった。

現代文明、というよりその基盤になっている近代社会の原理は、人間の欲望を無限に解き放つことによって成立した。それまでの社会がもっていた欲望に対するF倫理《りんり》的態度は解消され、欲望こそが社会を発展させるという言葉が、公然と語られるようになっていった。G人々は欲望のおもむくままに経済活動をおこない、ためらうことなく自分の利益を追求するようになっていった。

この変化がいろいろな問題を生みだしていったことは間違いない。ある人は社会が下品になっていくことを嘆《なげ》いた。またある人は社会に新しい不平等が発生していることを感じとった。人間たちの精神が蝕《むしば》まれていくことを問題にする人もいた。市場原理によって※容赦《ようしゃ》なく※淘汰《とうた》されていった部門で働いていた人々は、この時代に大きな疑問を投げかけていた。それらの人々のなかからは社会の抜本的な改革を求める社会主義者や※アナキストたちも生まれていた。

だが、さまざまな問題をもちながらも、この人間たちの欲望を解き放った社会が今日までつづいてきたのは、欲望の肥大化による経済の発展が、全体としては社会を豊かにしていくという※諒解《りょうかい》が存在していたからである。実際経済発展をとげた先進国の社会では、人々が飢《う》えに苦しむことはなくなったし、それればかりか以前とは較《くら》べものにならないほどに多くのものを所有し、子どもたちを進学させ、ときに旅行を楽しむようにさえなっていった。問題点よりも受け取った［ H ］の方が大きいと、多くの人たちが感じる時代が展開していったのである。

この二十年くらいの間に明らかになってきたのは、Iこうした構図の崩壊《ほうかい》だった。経済を発展させるために、日本では終身雇用《こよう》制が崩《くず》れ、若者のほぼ半数が非正規雇用のかたちで働かなければならなくなっていった。ためらいのない利益の追求はマネーゲームの場と化した市場を生みだし、それが真面目な生産活動を追いつめていくようにさえなっていった。

（内山節「文明の災禍」より）

（注）

※露呈　＝　隠れていたものがあらわになること。

※容赦なく　＝　手加減しないこと。

※淘汰　＝　生存競争の結果、環境に適応しないものが滅び、適応するものが残ること。

※アナキスト　＝　無政府主義者

※諒解　＝　「了解《りょうかい》」と同じ

れこれとさがすことも大切だが、その前に、自分の性格や欠点をしっかり知っておくことが必要である。

①主語と述語の関係　②連体修飾と被修飾の関係
③連用修飾と被修飾の関係　④並立の関係
⑤補助の関係

二　次の文章を読んであとの問いに答えなさい。なお、解答番号 21 ～ 30 までは解答欄⑤は使用しません。また、出題の都合上、本文には省略した部分があります。

明治以降の日本は欧米《おうべい》的な人間中心主義の考え方を受け入れてきた。だがこの考え方が社会や人間の精神の隅々《すみずみ》にまで浸透したのかといえばそうではなかった。A自然と人間によって私たちの社会はつくられているという考え方は完全には消えることはなかったし、自然に偉大さや、ときに神を感じる精神もどこかで私たちは継承していた。そしてこの伝統社会から受け継いだ精神は、現在ではむしろ甦《よみがえ》りつつある。

同じように明治以降の日本は西欧《せいおう》社会がつくりだした合理的な考え方を導入したが、合理的な考察だけではとらえられないものがあるという精神も完全に捨て去られることはなかった。そしてこの精神もまた、現在ではむしろ復活してきている。

伝統的な日本の信仰、それは自然に神をみいだしたり、神と仏を分けることなく手を合わせる思いや祖霊《それい》信仰だったりするのだが、この信仰も現代文明が主導権を握った時代のなかでも完全に消え去ることはなかった。

これらのことは、近代化のすすんだ日本の社会のなかにおいても、伝統社会から受け継いだ精神や文化が、基層的精神、基層文化として社会の奥に存在しつづけていたことを示しているのである。そしてそれは、B国家観などにもみることができる。日本の伝統社会において国とは自分が関係をとり結んでいる世界のことであり、それは我が村であったり我が町である。最大限拡大しても藩《はん》くらいの広さだった。もちろんそれとは違う世界観をもっている人たちもいた。たとえば山奥に短期的な居住地をつくりながら移動していく木地師《きじし》と呼ばれた木製のお椀《わん》などをつくる人々、彼らにとっては木地師的関係の世界が「国」であってそれは地域ではない。だがそのような違いはあっても、関係をとり結んだ世界が「国」であることには変わりはなかった。

この国家観も私はいまでも残っていると思っている。現代国家が国民国家としてつくられ、しかも国家の政策によって生活が大きな影響を受ける今日になっても、私たちは国家に対してはどこか冷めた感情をもっている。そしていまでも自分が関係をとり結んでいる世界の方を大事にしている。気持ちのどこかに、社会の基盤は国家にあるのではなく、C関係をとり結んだ世界の方にあると考える精神を、もちつづけているのである。

コミュニティに対しても同じような面があるのではないだろうか。戦後の日本は急速に個人の社会へと移行していった。個人の形成、個人の自立が戦後の基本的な価値基準であったと言ってもよい。 D この個人の社会にほころびがみえはじめたとき、人々は再び関係の結びなおしや、コミュニティ、共同体の創造について語りはじめた。私はこの変化は、新しいものの発見によって促進《そくしん》されたのではなく、E私

D　二十歳で仏モンに入る。　10

①大学で天モン学を研究する。
②一般人にモン戸を開放する。
③その一言が波モンを呼んだ。
④知人宅を訪モンする。
⑤犯人の指モンを取る。

E　税率を上げてサイ入が増えた。　11

①俳句で使うサイ時記。
②彼女は素晴らしいサイ女だ。
③彼にはサイ三注意している。
④サイ小の努力で効果を上げた。
⑤サイ部まで点検する。

問四　次の**A**・**B**の漢字の熟語の構成をあとの説明①～⑤の中からそれぞれひとつずつ選びなさい。

A　日没　12
B　就職　13

①同じような意味の漢字を重ねたもの「岩石」など
②反対、対応する意味の漢字を重ねたもの「高低」など
③上の字が下の字を修飾しているもの「洋画」など
④下の字が上の字の目的語や補語になっているもの「着席」など
⑤主語と述語の関係になっているもの「国立」など

問五　次の四字熟語のうち漢字にあやまりのあるものをひとつ選びなさい。　14

①源泉徴収　②日常早飯　③前後不覚
④一触即発　⑤馬耳東風

問六　次の**A**・**B**の空欄にあてはまることばをそれぞれひとつずつ選びなさい。

A　彼の新しい提案が物議を（　）た。　15

①かもし　②おこし　③あずけ
④くだし　⑤とばし

B　小さいときから（　）塩にかけたわが子だ。　16

①花　②爪　③耳　④魚　⑤手

問七　次の句の季節と用法をそれぞれひとつずつ選びなさい。

きつつきや落葉をいそぐ牧の木々

季節　①新年　②春　③夏
④秋　⑤冬　17

用法　①切れ字　②見立て　③連体形止め
④倒置法　⑤字余り　18

問八　次の文章の中からことばの使い方にあやまりのあるものをひとつ選びなさい。　19

①春風がそよそよ吹いてくる。
②梅雨時は部屋がじとじとする。
③この期に及んでばたばたしても仕方ない。
④年老いた犬がのそのそ歩いている。
⑤彼女が振り返ってにっこり笑った。

問九　次の――線内の二つの文節の関係にあてはまるものをひとつ選びなさい。　20

世の中にはいろいろな生き方がある。自分に合っている生き方をあ

【国　語】（四〇分）〈満点：一〇〇点〉

一　次のそれぞれの問いに答えなさい。

問一　次のA～Dの――線の漢字の読みとして適当なものをそれぞれひとつずつ選びなさい。

A　受験票に写真を貼付する。　1

①ちょうふ　②てんぷ　③そうふ
④のりづけ　⑤うわづけ

B　子どもの健やかな成長を願う。　2

①すみ（やか）　②おだ（やか）
③すこ（やか）　④かろ（やか）
⑤はな（やか）

C　彼は小説を数多く著した。　3

①しる（した）　②あらわ（した）
③さら（した）　④おくりだ（した）
⑤のこ（した）

D　世間の耳目をひく事件だった。　4

①じもく　②どうもく　③びもく
④わきめ　⑤はため

問二　次のA・Bの空欄に漢字を入れて対義語を作るとき、あてはまる漢字をそれぞれひとつずつ選びなさい。

A　脱退――（　　）入　5

①転　②混　③乱
④加　⑤編

B　例外――原（　　）　6

①義　②実　③流
④因　⑤則

問三　次のA～Eの――線のカタカナと同じ漢字を使うものをそれぞれひとつずつ選びなさい。

A　ごみゼロ運動をスイ進する。　7

①役所でスイ納係をしている。
②高校でスイ奏楽部に入る。
③スイ平線のかなた。
④二つの直線がスイ直に交わる。
⑤事件の真相をスイ理する。

B　国の将来を達カンしている。　8

①昔からのカン例を重んじる。
②流行性カン冒にかかった。
③教育的なカン点に立つ。
④国の機関にカン職を得る。
⑤遠来の客をカン迎する。

C　見事な完プウ勝ちだった。　9

①手紙のフウ印を開く。
②昔ながらのフウ習を守る。
③人を裏切るフ義な行い。
④結婚二十年のフウ婦。
⑤親の跡を継ぐフウ貴な身の上。

MEMO

大切なことはメモしておこうネ！

2021年度

解　答　と　解　説

《2021年度の配点は解答欄に掲載してあります。》

＜数学解答＞

1　問1　⑤　　問2　⑥　　問3　③　　問4　①

2　問1　②　　問2　④

3　問1　⑤　　問2　①　　問3　④　　問4　⑤　　問5　③　　問6　⑤　　問7　⑥
　　問8　②　　問9　⑤　　問10　⑤　　問11　②

4　問1　④　　問2　①　　問3　③

○配点○

各5点×20　　計100点

＜数学解説＞

基本 1　(数・式の計算，平方根の計算)

問1　$(-2)^2-3^2\times(-2)=4-9\times(-2)=4+18=22$

問2　$\dfrac{\sqrt{48}}{0.2}-\dfrac{\sqrt{27}}{0.3}=4\sqrt{3}\times5-3\sqrt{3}\times\dfrac{10}{3}=20\sqrt{3}-10\sqrt{3}=10\sqrt{3}$

問3　$8a\times(-6ab^3)\div(-2ab)^2=(-48a^2b^3)\times\dfrac{1}{4a^2b^2}=-12b$

問4　$(\sqrt{3}+1)^2-(\sqrt{5}-1)(\sqrt{5}+1)=3+2\sqrt{3}+1-(5-1)=2\sqrt{3}+4-4=2\sqrt{3}$

2　(2次方程式)

問1　$2x-1=\mathrm{M}$とおくと，$(2x-1)^2+4(2x-1)=-4$　　$\mathrm{M}^2+4\mathrm{M}+4=0$　　$(\mathrm{M}+2)^2=0$　$\mathrm{M}=-2$　　$2x-1=-2$　　$2x=-1$　　$x=-\dfrac{1}{2}$

問2　$\dfrac{x^2}{15}-\dfrac{x}{3}=\dfrac{1}{5}(x+1)$　　両辺を15倍して，$x^2-5x=3(x+1)$　　$x^2-8x-3=0$　　二次方程式の解の公式から，$x=\dfrac{-(-8)\pm\sqrt{(-8)^2-4\times1\times(-3)}}{2\times1}=\dfrac{8\pm\sqrt{76}}{2}=\dfrac{8\pm2\sqrt{19}}{2}=4\pm\sqrt{19}$

3　(食塩水の濃度，図形と確率，平方根，一次関数，式の値，二次方程式，三角形の相似，最短距離，回転体の体積，角度，三角形の合同)

問1　食塩の量は，$400\times\dfrac{12}{100}+600\times\dfrac{16}{100}=48+96=144$　　食塩水の量は，$400+600=1000$　よって，求める濃度は，$\dfrac{144}{1000}\times100=14.4(\%)$

問2　さいころの目の出方は全部で，$6\times6=36$(通り)　　そのうち，線分の長さが1になる場合は，(A，B)，(A，F)，(B，C)，(B，A)，(C，D)，(C，B)，(D，E)，(D，C)，(E，F)，(E，D)，(F，A)，(F，E)の12通り　　よって，求める確率は，$\dfrac{12}{36}=\dfrac{1}{3}$

問3　$540=2^2\times3^3\times5$から，$\sqrt{\dfrac{540}{n}}=\sqrt{\dfrac{2^2\times3^3\times5}{n}}=\sqrt{\dfrac{2^2\times3^2\times15}{n}}$　　$n=15$，15×2^2，15×3^2，$15\times$
$\times2^2\times3^2$のとき，$\sqrt{\dfrac{540}{n}}$は自然数になる。よって，4個

問4　$\dfrac{4-(-2)}{-1-2}=\dfrac{6}{-3}=-2$から，傾きは$-2$　　$y=-2x+b$に$(3,\ -1)$を代入すると，$-1=-2\times$

$3+b$　$b=-1+6=5$　よって，求める直線の式は，$y=-2x+5$

問5　$a^2-a-1=\left(a-\frac{1}{2}\right)^2-\frac{1}{4}-1=\left(\frac{1+\sqrt{5}}{2}-\frac{1}{2}\right)^2-\frac{5}{4}=\left(\frac{\sqrt{5}}{2}\right)^2-\frac{5}{4}=\frac{5}{4}-\frac{5}{4}=0$

問6　$3x^2+mx+n=0$…①　①に$x=-2$を代入すると，$3\times(-2)^2+m\times(-2)+n=0$　$12-2m+n=0$　$-2m+n=-12$…②　①に$x=-1$を代入すると，$3\times(-1)^2+m\times(-1)+n=0$　$3-m+n=0$　$-m+n=-3$…③　③×2−②から，$n=6$

問7　△ABCと△CBDにおいて，共通な角なので，∠ABC＝∠CBD…①　仮定から，∠BAC＝∠BCD…②　①と②から2組の角がそれぞれ等しいので，△ABC∽△CBD　よって，AB：CB＝AC：CD　6：3＝4：CD　$\mathrm{CD}=\frac{3\times4}{6}=2$

問8　FM＝FG÷2＝4÷2＝2　展開図において，点Pが直線AM上にあるとき，糸の長さが最も短くなる。平行線と線分の比の定理から，AP：PM＝AB：FM＝3：2

問9　DC＝4÷2＝2　△BCDにおいて三平方の定理を用いると，$\mathrm{BD}=\sqrt{(\sqrt{13})^2-2^2}=\sqrt{9}=3$　求める体積は，底面が半径3の円で高さが2の三角錐の体積の2つ分になるから，$\frac{1}{3}\times\pi\times3^2\times2\times2=12\pi$

問10　円周角の定理から，$\angle\mathrm{ACB}=\frac{1}{2}\angle\mathrm{AOB}=\frac{1}{2}\times42^\circ=21^\circ$　AO//BCより，錯角は等しいので，∠OAD＝∠ACB＝21°　△OADにおいて内角と外角の関係から，∠ODC＝∠AOD＋∠OAD＝42°＋21°＝63°

問11　△ADEと△CDFにおいて，仮定から，AD＝CD…①，DE＝DF…②，∠DAE＝∠DCF＝90°…③　直角三角形で斜辺ともう一辺の長さがそれぞれ等しいので，△ADE≡△CDF　よって，∠ADE＝∠CDF　したがって，$\angle\mathrm{ADE}=\frac{90^\circ-60^\circ}{2}=15^\circ$

4　（図形と関数・グラフの融合問題）

基本

問1　①に点Bの座標を代入して，$3=a\times1^2$　$a=3$　③に点Bの座標を代入して，$3=1+b$　$b=3-1=2$

問2　直線AOの式は，$y=\frac{0-(-1)}{0-(-3)}=\frac{1}{3}$から，$y=\frac{1}{3}x$…④　②と④から$y$を消去すると，$\frac{3}{x}=\frac{1}{3}x$　$x^2=9$　$x>0$から，$x=3$　これを②に代入して，$y=\frac{3}{3}=1$　よって，C(3, 1)　$\frac{1-3}{3-1}=\frac{-2}{2}=-1$から，直線BCの傾きは$-1$　$y=-x+c$に点Bの座標を代入すると，$3=-1+c$　$c=3+1=4$　よって，直線BCの式は，$y=-x+4$

問3　点Bを通り直線ACに平行な直線を$y=\frac{1}{3}x+d$として点Bの座標を代入すると，$3=\frac{1}{3}\times1+d$　$d=3-\frac{1}{3}=\frac{8}{3}$　$\mathrm{D}\left(0,\ \frac{8}{3}\right)$とすると，△ABC＝△ADC＝△ADO＋△CDO＝$\frac{1}{2}\times\frac{8}{3}\times3+\frac{1}{2}\times\frac{8}{3}\times3=4+4=8$

★ワンポイントアドバイス★

3問2は，正六角形の一辺の長さは，外接する円の半径に等しいことを利用すると，2回目に出る文字が1回目に出る文字の両隣りにあるとき，線分の長さは1になる。

＜英語解答＞

1　1 ③　2 ⑤　3 ②　4 ④　5 ①
2　6 ③　7 ②　8 ③　9 ⑤　10 ④
3　11 ⑤　12 ①　13 ⑤　14 ②　15 ①
4　16 ①　17 ②　18 ④　19 ①　20 ⑤
5　21 ④　22 ②　23 ①　24 ②　25 ⑤
6　26 ③　27 ①　28 ③　29 ②　30 ②
7　31 ①　32 ②　33 ①　34 ④　35 ③　36 ⑤　37 ③　38 ③
39 ③　40 ②

○配点○
7　各4点×10　他　各2点×30　計100点

＜英語解説＞

1　(発音)

問1　③は[a]，他は[ou]。　問2　⑤は[ei]，他は[æ]。　問3　②は[auər]，他は[əːr]。
問4　④は[ei]，他は[e]。　問5　①は[gz]，他は[ks]。

2　(アクセント)

問1　③は第2音節，他は第1音節を強く読む。　問2　②は第2音節，他は第1音節。
問3　③は第2音節，他は第1音節。　問4　⑤は第2音節，他は第1音節。
問5　④は第2音節，他は第1音節。

基本 3　(言い換え・書き換え：助動詞，不定詞，命令文，比較)

問1　「メアリーと私は横浜市立博物館で会うつもりだ」　＜ be going to ＋動詞の原形＞「～するつもりだ」

問2　「私たちは台所に食べ物を見つけられなかった」　anything to eat で「食べるためのもの」，つまり「食べ物」を表す。not anything「全くない」

問3　「それについて誰にも話してはいけない」　You must not ～は禁止を表すので ＜ Don' t ＋動詞の原形＞の命令文で書き換えることができる。

問4　「私は彼の死について聞いた時，悲しかった」「私は彼の死を聞いて悲しかった」　感情を表す形容詞の後の＜ to ＋動詞の原形＞は，「～して」の意味で原因・理由を表す。

問5　「私の髪は彼女の髪より長い」「彼女の髪は私の髪ほど長くない」　not as … as ～「～ほど…でない」　mine「私のもの」はここでは「私の髪」を表す。

基本 4　(共通語補充：前置詞，熟語)

問1　「私は今朝，横浜駅に着いた」「私は昨日の朝5時に起きた」　arrive at ～「～に到着する」　＜ at ＋時刻＞「～時に」

問2　「彼女の顔はほこりに覆われていた」「私はツナと卵が入ったサンドイッチが好きだ」　be covered with ～「～に覆われている」　sandwiches with tuna and egg in them の them は sandwiches を指し，「ツナと卵がその中に入っているサンドイッチ」という意味。この with は「～がある」を表す。

問3　「私たちは一生懸命取り組み，ついに宿題を終えた」「彼は夜に働く」　at last「ついに」　at night「夜に」

問4 「私はあなたについて，たくさんのことを聞いています」「彼は動物についての本を書いた」
about ～「～について，～に関して」

問5 「ここから出ていけ！」「この机を外に出してください」 get out of ～「～から出ていく」
＜ take ＋目的語＋ out ＞「～を外に出す，～を持ち出す」

重要 5 （語句整序：助動詞，現在完了，不定詞，比較）

問1 Where can I clean my car？「私はどこで車を掃除できますか」

問2 He has not done his homework.「彼はまだ宿題をやっていない」 現在完了の否定文。

問3 （ I ）don't want to eat that apple.「私はそのリンゴを食べたくない」 ＜ want to ＋動詞の原形＞「～したい」

問4 （ She ）is going to buy three tickets for（ the show. ）「彼女はそのショーのチケットを3枚買うつもりだ」 ＜ be going to ＋動詞の原形＞「～するつもりだ」

問5 （ He is ）one of the most famous singers（ in the world. ）「彼は世界で最も有名な歌手の1人だ」 ＜ one of the ＋最上級＋複数名詞＞「最も…な（名詞）のうちの1つ」

基本 6 （対話文完成：語句補充・選択，口語表現）

問1 A：こんにちは！ 調子はどう？／B：疲れているよ。仕事でずっと忙しいんだ。／A：あなたは働きすぎよ。5分間中断して。／A：ありがとう。そうするよ。

問2 A：その本は何？／B：これはイタリア語の本よ。／A：君はイタリア語を話すの？／B：いいえ，話さないわ。でも今，勉強しているの。

問3 A：すみませんが，これらの小さいTシャツは何のためのものですか。／B：私の犬のためのものです。かわいいでしょう？／A：はい，かわいいですね！／B：私はそれらをインターネットで見つけたんですよ。

問4 A：何か夕食の予定はある？／B：ないわ。／A：君は寿司を食べたい？ 僕はいい寿司レストランを知っているよ。／B：ぜひそうしたい。私はずっと寿司を食べてみたいと思っていたの。
I'd love to. は相手からの提案や誘いに対し，「ぜひそうしたい」と応じる時の言い方。

問5 A：これを手伝ってくれる？ 重いの。／B：もちろん。／A：ありがとう。／B：いつでもどうぞ。 Anytime. は Thank you. に対する返事としても使われる。

7 （長文読解問題・日記：語句補充・選択，関係代名詞，前置詞，動詞，動名詞，指示語，内容一致）

（全訳） 11月10日，YS高校の2年生は修学旅行で九州に出発した。彼らの旅行は5日間だった。生徒の1人，タカハシハルナはその旅行について日記に書いた。

初日，私たちは午前8時30分に羽田空港に集合し，10時15分に福岡空港に到着した。空港から出ると，バスガイドさんたちが私たちを待っていた。私たちのクラスのガイドさんは(ア)一番フレンドリーで元気が良かったので，男子たちは彼女を見てとても喜んでいた。もちろん，私たち女子もうれしかった。私たちの担任のサトウ先生も喜んだ。バスで彼女が自己紹介した。彼女は今年の春に高校を卒業したばかりだった。だから彼女は私たちより2歳年上なだけだった。すぐに私たちは彼女と仲良くなった。（11月10日）

2日目，私たちは原爆資料館(エ)を訪問した。原爆によって与えられた被害を示す，たくさんの写真や物品がそこに展示されていた。それは1945年8月9日に投下された。女子の中にはとても悲しくなった子や泣いている子もいた。私たちはそのような恐ろしいことが2度と起こらないよう願った。

その後，私たちは長崎市内を歩き回った。私たちのグループは中華街に行って昼食をとった。私は「ちゃんぽん」という，シーフードや肉，野菜が入った中華麺の一種を食べた。私の友達のマナは焼きそばの一種の「皿うどん」を食べた。私たちは「ちゃんぽん」と「皿うどん」を分け合った。それらはとてもおいしくて，私たちはとてもおなかが空いていたので，あっという間に食べ終わった。(11月11日)

3日目，私たちは「ペーロン船」の競漕をして楽しんだ。「ペーロン」は中国語の「パイロン」で白い竜という意味だ。長崎港に停泊していた中国船が嵐で難破し，多くの人がおぼれて死んだ。人々は海の神の怒りを鎮めるために「ペーロン船」の競漕を始めたと言われている。

各クラスから生徒20人が船に乗って競った。彼らは皆，競漕に勝つために一生懸命こいだ。良かったことは私たちのチームが競漕に勝ち，賞としてオールをもらったことだ。(11月12日)

4日目，私たちは菅原道真が祀られている太宰府天満宮に行った。古い梅の木があり，その木は道真が九州に連れてこられた後，一晩で九州まで飛んで行ったと言われている。私はこの話にちなんだ「梅が枝餅」を食べた。

明日，私は横浜に帰る。私は九州のおいしい料理をたくさん食べたので，横浜に戻ったらそれらのうちのいくつかを作ってみたい。(11月13日)

問1　空所の前に the があることに着目し，friendly の最上級 most friendly を入れる。

問2　(イ)　Mr. Sato を先行詞とする，主格の関係代名詞 who を入れる。

やや難　(キ)　*Dazaifu Tenmangu Shrine* を先行詞とする，目的格の関係代名詞 which を入れる。

やや難　問3　by は「～の分だけ」と程度を表す。ここでは「たった2歳だけ年上」ということ。

重要　問4　空所の後に前置詞がなく，the “Atomic Bomb Museum” という名詞が置かれているため，他動詞 visit「～を訪問する」が適切。他の選択肢は全て，空所の後に前置詞が必要である。

問5　(オ)は「～すること」を表す動名詞で，⑤が同じ用法。

重要　問6　この It は形式主語で，真主語(It が指すもの)は that 以下である。

問7　③「生徒たちはそのバスガイドさんが気に入った」(○)

問8　③「ハルナとマナは『ちゃんぽん』と『皿うどん』を一緒に食べた」(○)

問9　②「ハルナと彼女の友達たちは九州に4泊した」(○)

★ワンポイントアドバイス★

7は長文読解問題で，高校生が書いた修学旅行の日記である。本校の英語長文には，学生の立場で書かれた文章が出題される傾向がある。

＜国語解答＞

一　問一　A　①　B　③　C　②　D　①　問二　A　④　B　⑤　問三　A　⑤　B　③　C　①　D　②　E　①　問四　A　⑤　B　④　問五　②　問六　A　①　B　⑤　問七　季節　④　用法　①　問八　③　問九　③

二　問一　①　問二　③　問三　②　問四　④　問五　④　問六　③　問七　①　問八　②　問九　④　問十　③

三　問一　②　問二　③　問三　①　問四　①　問五　④　問六　①　問七　②　問八　①　問九　③　問十　②

○推定配点○
一　各2点×20　二・三　各3点×20　計100点

＜国語解説＞

一 (漢字の読み書き，対義語，熟語，四字熟語，ことわざ・慣用句，文と文節，表現技法)

基本　問一　Aは，はりつけること。Bの音読みは「ケン」。熟語は「健康(けんこう)」など。Cの音読みは「チョ」。熟語は「著作(ちょさく)」など。Dの「耳目をひく」は，人の注意をひくこと。

問二　属している団体や組織から抜けること，という意味のAの対義語は，団体や組織などに加わること，という意味の「加入(かにゅう)」。通例や一般の原則から外れること，という意味のBの対義語は，一般に適用される基本的な考え方，という意味の「原則(げんそく)」。

基本　問三　A＝推進，①出納係　②吹奏楽部　③水平線　④垂直　⑤推理。　B＝達観，①慣例　②感冒　③観点　④官職　⑤歓迎。　C＝完封，①封印　②風習　③不義　④夫婦　⑤富貴。　D＝仏門，①天文学　②門戸　③波紋　④訪問　⑤指紋。　E＝歳入，①歳時記　②才女　③再三　④最小　⑤細部。

問四　Aは「日が沈む」で⑤の構成。Bは「職に就く」で④の構成。

問五　②は正しくは「日常茶飯(にちじょうさはん)」で，毎日の食事ということから日常的なごくありふれたこと，という意味。

問六　Aの「物議をかもした(かもす)」は，議論を引き起こすという意味。Bの「手塩にかけた(かける)」は，いろいろと世話をして大切に育てるという意味。

やや難　問七　季語は「きつつき」で季節は秋，「きつつきや」の「や」は切れ字。

重要　問八　①の「そよそよ」，②の「じとじと」，③の「ばたばた」，④の「のそのそ」，⑤の「にっこり」はいずれも擬態語。③の「ばたばた」は物が激しくぶつかる音やあわただしいさまを表すので，正しくは，ある状態から逃れようと慌てたり焦ったりするさまを表す「じたばた」。

重要　問九　「あれこれと」は「さがす」にかかる連用修飾語，「さがす」は被修飾語になる。

二 (論説文－大意・要旨，内容吟味，文脈把握，指示語，接続語，脱語補充)

重要　問一　冒頭の段落で，「欧米的な人間中心主義の考え方」を明治以降の日本は受け入れてきたが，傍線Aのような考え方は完全には消えることはなく，Aの説明として「自然に偉大さや，ときに神を感じる精神」(＝②)，「(日本の)伝統社会から受け継いだ精神」(＝④)であることを述べている。さらに同様のこととして，明治以降の日本は「西欧社会がつくりだした合理的な考え方」を導入したが，「神と仏を分けることなく手を合わせる思いや祖霊信仰」(＝③)である伝統的な日本の信仰も完全に消え去ることはなかった，と述べているので，日本の伝統的な考え方であるAと異なる考え方は，①が適当。

問二　傍線B の説明として直後の段落で「日本」を例に，「日本の伝統社会において国とは自分が関係をとり結んでいる世界のこと」であることを述べているので，③が適当。「現代国家が国民国家としてつくられ」，「国家の政策によって生活が大きな影響を受ける今日になっても」，「社会の基盤は国家にあるのではなく」，「自分が関係をとり結んでいる世界の方を大事にしている」と述べているので，他の選択肢は不適当。

問三　傍線Cは，自分が関係をとり結んでいる世界＝「我が村」や「我が町」のことなので，自分が暮らしている場所と直接関わりのない「新しい国立病院の見学会」とある②はあてはまらない。

基本　問四　空欄Dは，直前の内容とは相反する内容が続いているので「だが」が適当。

問五　傍線Eのある段落では，個人の社会のほころびによって，人々が再び関係の結びなおしやコミュニティなどの創造について語りはじめたという変化は，閉じ込められた精神として存在していたEが前面に出直してきたのだ，ということを述べている。このEをいいかえる形で，次段落で「伝統社会から継承してきた，現代文明とは異なる文明を私たちは基層的文明としてもちつづけてきたのである」と述べているので，④が適当。

やや難　問六　傍線Fは「人として守り行うべき道，道徳，モラル」という意味なので，「人々が善悪をわきまえて守り従うべき規範」という意味の③が適当。①は物事のきまり，②は事実や現象などを統一的に説明するために筋道を立てて組み立てられた知識の体系，④は事物などから性質や共通性をひき出して把握すること。

重要　問七　傍線Gのようになった理由として「だが，さまざまな……」で始まる段落で，「欲望の肥大化による経済の発展が，全体としては社会を豊かにしていくという諒解が存在していたからである」と述べているので，①が適当。G直後の段落で述べているように，②，③，④はGのようになったことで生み出された問題なので不適当。

問八　空欄Hは「問題点」と相対する「比ゆ的な表現」のことばなので，②が適当。

やや難　問九　傍線Iは，直前の段落で述べているように「欲望の肥大化による経済の発展が，全体としては社会を豊かにしていくという諒解が存在していた」社会の構図のことなので，④が適当。Iの具体的な説明である①，Iのような社会に疑問を投げかける人々のことである②，Iが崩壊した結果である③はいずれも不適当。

重要　問十　①は「この国家観も……」で始まる段落，②は冒頭の段落，④は「コミュニティに対しても……」で始まる段落でいずれも述べているのであてはまる。③の「伝統的な信仰」は，「伝統的な日本の信仰，……」で始まる段落で，「完全に消え去ることはなかった」と述べているので，あてはまらない。

三　（古文－主題，大意・要旨，内容吟味，文脈把握，漢字の読み取り，口語訳）

〈口語訳〉　俊頼朝臣が語って言うには，「白河天皇が，淀川に御方違えでお出かけになったとき，五月ごろだっただろうか，女官や，殿上人の舟が，たくさんあるところを，夜が明ける頃に，対岸にいるほととぎすがかすかに鳴いて天皇ご一行の舟の前を通り過ぎた。俊頼が，一首詠みたいものだと思っていると，女房が舟の中からひそかな声で，

　　淀の渡りのまだ夜深きに(淀川の渡し場あたりはまだ夜も深いころだというのに)

と和歌を口ずさんだのは，好機ですばらしかった。人々は，感動して，今でも忘れていない。(歌を)新しく作るより(人々に知られている有名な古い和歌の方が)まさっている」とおっしゃった。

　　いづかたへ鳴きて行くらむ郭公(どの方角に鳴いてゆくのであろうか，ほととぎすよ)

という古歌の下の句であろう。

問一　傍線Aは「白河院」が「御方違へ」のために「行幸(ぎょうこう)」したということ。「行幸」は，天皇が外出すること。「みゆき」とも読む。

基本　問二　他の旧暦は，①は一月，②は四月，④は八月。

重要　問三　傍線Cの主語は「むかひのかた」＝「対岸」にいる「郭公」で，「ほのかに」は「かすかに」，「過ぐ」は「通り過ぎる，通過する」という意味。Cのある文は，行幸に随行している「女房，殿上人」たちのたくさんの舟の前を「郭公」がCだった，という文脈なので①が適当。

問四　傍線Dは「俊頼」が，一首詠みたいものだと「思った」ということ。

問五　傍線Eは，俊頼が一首詠みたいものだと思った時に，女房が舟の中からひそかな声で「淀の渡りのまだ夜深きに」と口ずさんだことに対するものなので，④が適当。

問六　傍線Fは，女房が口ずさんだ「淀の渡りのまだ夜深きに」の和歌が，「新しくよみたらむ」＝

(歌を)新しく作るより，「まされり」＝まさっている，ということである。女房が口ずさんだ和歌は，最後で述べているように「古歌」＝人々が知っているような有名な古い和歌なので，①が適当。

問七　傍線Gの「末」は，和歌の下の句のこと。五・七・五・七・七の三十一音を基調とする和歌で，はじめの五・七・五を上の句，後の七・七を下の句という。

やや難　問八　①は「いそのかみの古都で鳴くほととぎすよ。お前たちの声だけは，昔栄えていたころと変わらないけれど，ほかのすべては変わってしまっ(て，見る影もなくなってしまっ)た」という意味で，「夏の夜明け」は詠まれていない。②は「夏の夜は眠りについたかと思うと，ほととぎすの鳴くひと声に日がのぼり始めることだ」，③は「ほととぎすが鳴いた方をながめると，ほととぎすの姿は見えず，ただ明け方の月が空に残っているばかりだった」，④は「日が暮れたかと思うとすぐ明けてしまう短い夏の夜を，飽き足りないと鳴くのだろうか，山のほととぎすは」という意味で，いずれも背景が「郭公と夏の夜明け」になっている。

重要　問九　本文では，情景に合った和歌を口ずさんだ女房を「時にのぞみて，めでたかりき」とほめて，口ずさんだ和歌の説明をしているので，③が適当。「新しくよみたらむにはまされり」と俊頼は話しているのは，女房がこの時機に古歌を口ずさんだことがすばらしいということなので，「時にのぞみて」にあてはまらない①は不適当。②，④も述べていないので不適当。

重要　問十　「歌会を開いて」いないので，①はあてはまらない。「郭公一声」を聞いて「女房の舟のうちに忍びたる声にて」和歌を口ずさんだので，②はあてはまる。「殿上人」は行幸で舟に乗っていることだけを述べており，「人々は驚いた」のは女房が口ずさんだ和歌に対するものなので，③はあてはまらない。④も述べていないのであてはまらない。

★ワンポイントアドバイス★

論説文では，二つの事柄を対比させながら論を進める場合が多い。それぞれの事柄について筆者がどのように捉えているかを読み取っていこう。

2020年度

★★★★★★★★★★★★★★★★★★★★★★★★

入　試　問　題

2020年度

横浜商科大学高等学校入試問題

【数　学】（40分）〈満点：100点〉

【注意】 電卓・ものさし・コンパス・分度器を使用することはできない。

1 次の式を計算しなさい。答えは各問いの解答群から１つ選びなさい。

問１ 【1】 $(-2)^3 - 3^3 \times (-4)$

① -39　② -44　③ -116　④ 100　⑤ 28　⑥ 41

問２ 【2】 $(\sqrt{8} - \sqrt{18})^2$

① -50　② -26　③ -10　④ 2　⑤ 50　⑥ 26

問３ 【3】 $\dfrac{2x-5}{2} - \dfrac{3x-8}{3}$

① $-\dfrac{1}{6}$　② $\dfrac{1}{6}$　③ $\dfrac{-x+3}{6}$　④ $\dfrac{-x-13}{6}$　⑤ $\dfrac{13x-14}{6}$　⑥ $\dfrac{-5x+14}{6}$

問４ 【4】 $(3x^3y)^2 \div 2x^2y$

① $18x^7y^3$　② $6x^8y^2$　③ $6x^7y^3$　④ $\dfrac{9x^3y}{2}$　⑤ $\dfrac{6x^4y}{2}$　⑥ $\dfrac{9x^4y}{2}$

2 次の方程式を解きなさい。答えは各問いの解答群から１つ選びなさい。

問１ 【5】 $\dfrac{x}{3} - \dfrac{9}{4} = \dfrac{5}{12} - x$

① $x=-2$　② $x=-1$　③ $x=0$　④ $x=1$　⑤ $x=2$　⑥ $x=4$

問２ 【6】 $(x-1)^2 - 2(x-1) = -1$

① $x=-2$　② $x=-1$　③ $x=0$　④ $x=1$　⑤ $x=2$　⑥ $x=4$

3 次の各問いに答えなさい。答えは各問いの解答群から１つ選びなさい。

問１ 【7】 $x^2 - y^2 + x + y = (x+y) \times \mathrm{P}$ のとき，Pを求めなさい。

① $(x-y)$　② $(x-y+3)$　③ $(x-y+1)$　④ $(x-y-1)$　⑤ $(x+y+1)$　⑥ $(x+y-1)$

問２ 8　$x=\dfrac{2\sqrt{2}+1}{3}$，$y=\dfrac{2\sqrt{2}-1}{3}$のとき，$4xy-2x+2y$の値を求めなさい。

① $\dfrac{16}{9}$　② $-\dfrac{16}{9}$　③ $\dfrac{40}{9}$　④ $-\dfrac{40}{9}$　⑤ $\dfrac{16}{3}$　⑥ $\dfrac{40}{3}$

問３ 9　濃度８％の食塩水と濃度15％の食塩水を混ぜて，濃度10％の食塩水700gを作るには，濃度８％の食塩水は何g必要か求めなさい。

① 200g　② 400g　③ 500g　④ 600g　⑤ 150g　⑥ 550g

問４ 10　連立方程式 $\begin{cases} 2bx+ay=13 \\ ax=-by+9 \end{cases}$ の解が $\begin{cases} x=2 \\ y=3 \end{cases}$ のとき，aの値を求めなさい。

① -2　② -1　③ 0　④ 1　⑤ 2　⑥ 3

問５ 11　２次方程式$x^2+2x-a=0$の解の一つが$x=-1+\sqrt{5}$のとき，aの値を求めなさい。

① -1　② 0　③ 1　④ 2　⑤ 3　⑥ 4

問６ 12　$\sqrt{2020n}$ が自然数になるような最も小さな自然数nを求めなさい。

① 5　② 10　③ 100　④ 101　⑤ 505　⑥ 2020

問７ 13　小さいほうから数えて７番目の素数を求めなさい。

① 19　② 17　③ 15　④ 13　⑤ 11　⑥ 9

問８ 14　下図の$\angle x$の大きさを求めよ。

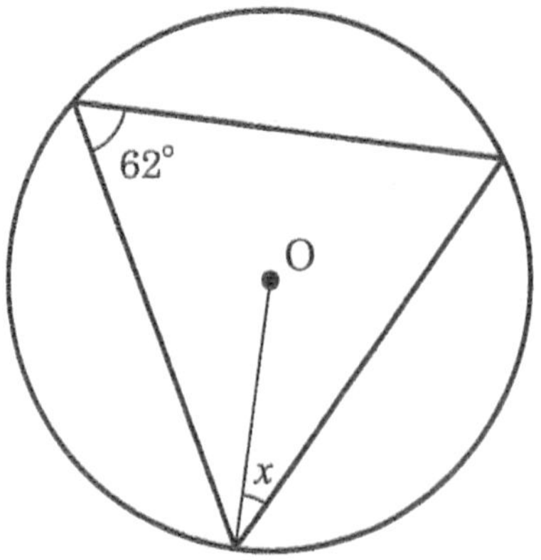

（点Oは円の中心）

① 24°　② 28°　③ 32°　④ 36°　⑤ 42°　⑥ 48°

問9 15 下図において，BC//DEのとき，xの長さを求めなさい。

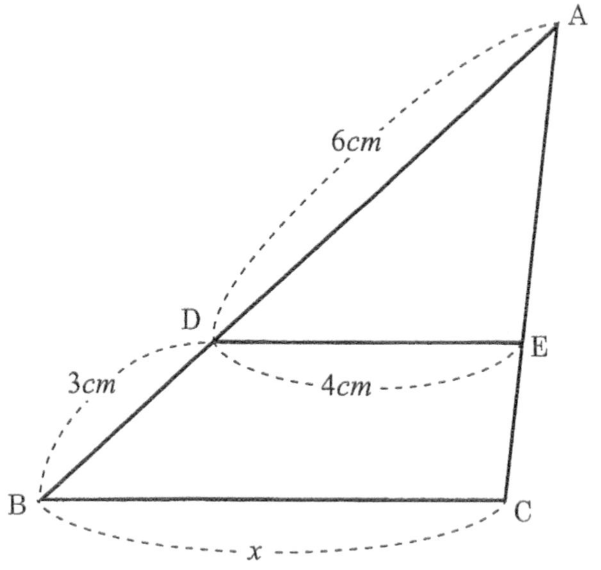

① 3 cm　② 4 cm　③ 5 cm　④ 6 cm　⑤ 8 cm　⑥ 10cm

問10 16 下図の１辺の長さが２cmの正四角すいの表面積を求めなさい。

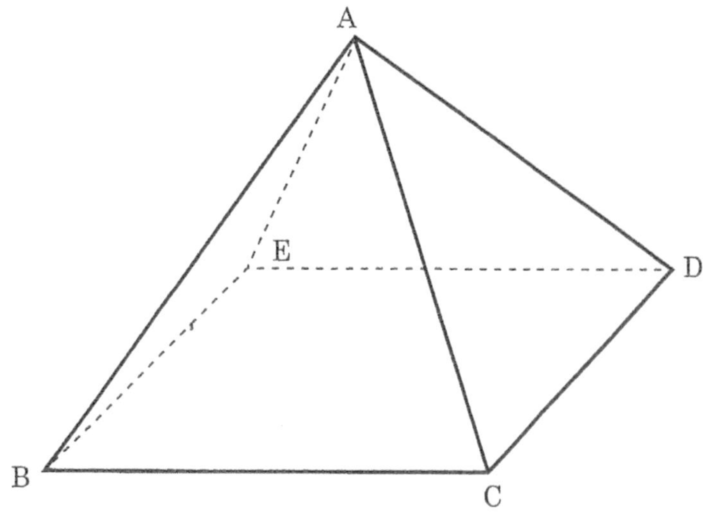

① $4\,\mathrm{cm}^2$　② $4\sqrt{3}\,\mathrm{cm}^2$　③ $(4+4\sqrt{3})\,\mathrm{cm}^2$　④ $5\sqrt{3}\,\mathrm{cm}^2$　⑤ $(4+5\sqrt{3})\,\mathrm{cm}^2$　⑥ $6\sqrt{3}\,\mathrm{cm}^2$

問11 [17] 下図の１辺の長さが２cmの立方体ABCD－EFGHにおいて，３点BDEを通る平面で立方体を２つ分けるとき，大きい方の体積を求めなさい。

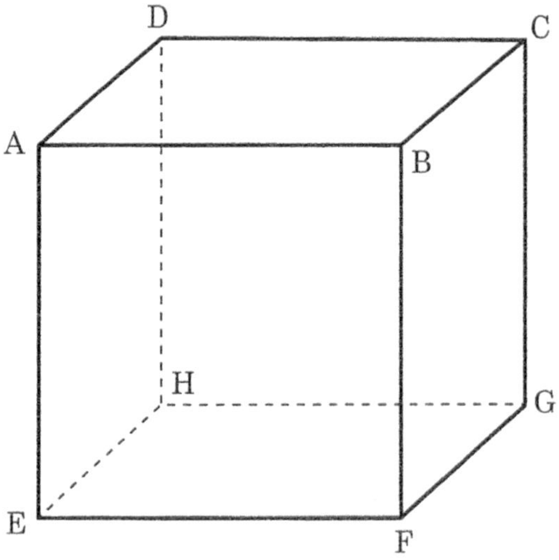

① $\frac{16}{3}$cm^3　② $\frac{17}{3}$cm^3　③ $\frac{19}{3}$cm^3　④ $\frac{20}{3}$cm^3　⑤ $\frac{22}{3}$cm^3　⑥ $\frac{23}{3}$cm^3

[4] 下図のように，曲線$y=x^2$と直線$y=-3x$が交わっているとき，次の問いに答えなさい。答えは各問いの解答群から１つ選びなさい。

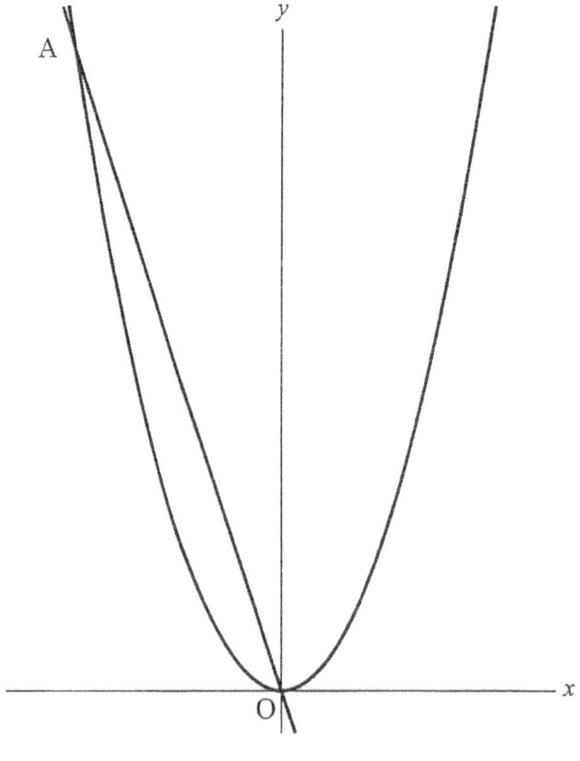

問1 [18] 点Aの座標を求めなさい。

① $(-2,\ 2)$ ② $(-2,\ 3)$ ③ $(-3,\ 2)$ ④ $(-3,\ 3)$ ⑤ $(-3,\ 4)$ ⑥ $(-3,\ 9)$

問2 [19] 線分OAの長さを求めなさい。

① $2\sqrt{10}$ ② $3\sqrt{10}$ ③ $2\sqrt{5}$ ④ $3\sqrt{5}$ ⑤ $2\sqrt{6}$ ⑥ $3\sqrt{6}$

問3 [20] x軸上に点Bをおく。△OABの面積が$\frac{27}{2}$のとき，点Bと直線OAの最短距離を求めなさい。

① $3\sqrt{3}$ ② $\frac{9\sqrt{5}}{5}$ ③ $\frac{3\sqrt{6}}{2}$ ④ $\frac{9\sqrt{7}}{7}$ ⑤ $\frac{9\sqrt{10}}{10}$ ⑥ $\frac{9\sqrt{11}}{11}$

問題は以上です。

【英　語】（40分）〈満点：100点〉

1 次の各組の下線部の発音が，他と異なるものを1つ選びなさい。

問1 1

① back　② hand　③ family　④ wash　⑤ happy

問2 2

① leave　② head　③ already　④ bread　⑤ ready

問3 3

① women　② driven　③ village　④ children　⑤ climb

問4 4

① watched　② opened　③ washed　④ asked　⑤ walked

問5 5

① chair　② where　③ their　④ here　⑤ there

2 次の各組の語の中で，最も強く発音する音節の位置が他と異なるものを1つ選びなさい。

問1 6

① for-eign　② some-times　③ fin-ish　④ dur-ing　⑤ e-vent

問2 7

① mu-se-um　② af-ter-noon　③ to-mor-row　④ com-put-er　⑤ po-ta-to

問3 8

① na-ture　② Eu-rope　③ re-ceive　④ air-plane　⑤ bor-row

問4 9

① No-vem-ber　② hol-i-day　③ li-brar-y　④ cen-tu-ry　⑤ Sat-ur-day

問5 10

① com-pa-ny　② his-to-ry　③ beau-ti-ful　④ re-mem-ber　⑤ res-tau-rant

3 （　　）内に入る最も適切な語（句）を1つ選びなさい。

問1 11

I was born (　　) July 6th.

① to　② at　③ for　④ on　⑤ in

問2 12

There (　　) a lot of oranges in the basket.

① is　② been　③ am　④ be　⑤ are

問3 13

The news is known (　　) everyone.

① to　② as　③ with　④ for　⑤ at

問4 14

Bob is the oldest (　　) the four.

① of　② in　③ as　④ for　⑤ on

問5 15

This is a picture Taro (　　) last week.

① take　② took　③ to take　④ taking　⑤ taken

4 次の各文がほぼ同じ意味になるように(　　)内に入る最も適切なものを1つ選びなさい。

問1 16

You don't have to buy a new car.

It's not (　　) for you to buy a new car.

① necessary　② important　③ different　④ enough　⑤ interesting

問2 17

Many stars were seen last night.

We (　　) many stars last night.

① has seen　② saw　③ seen　④ was seeing　⑤ was seen

問3 18

If you don't hurry, you'll be late for school.

Hurry up, (　　) you'll be late for school.

① and　② but　③ or　④ so　⑤ then

問4 19

We can't live if we don't have clean water.

We can't live (　　) clean water.

① not　② for　③ never　④ or　⑤ without

問5 20

It is three years since I met him last.

I (　　) him for three years.

① meet　② met　③ have met　④ haven't met　⑤ don't meet

5 意味の通る英文となるように(　　)内の語(句)を並べ替え,その2番目と4番目になる語の組み合わせとして適切なものを選びなさい。ただし，文頭に来る語も小文字で表記してあります。

問1 21

Can you (ア notebook　イ whose　ウ see　エ is　オ this) ?

① ア・オ　② イ・エ　③ イ・オ　④ ウ・オ　⑤ オ・イ

問2 22

My (ア mother　イ old　ウ twice　エ as　オ is) as me.

① ア・エ　② ア・オ　③ オ・ウ　④ エ・オ　⑤ オ・エ

問3 23

The (ア train　イ runs　ウ and　エ between　オ Tokyo) Hakata.

① ア・エ　② ウ・イ　③ イ・オ　④ エ・イ　⑤ オ・エ

問4 24

I (ア like　イ all　ウ best　エ of　オ history) subjects.

①ア・エ　②イ・ウ　③ウ・イ　④オ・イ　⑤オ・エ

問5 [25]

(ア have　イ knows　ウ a friend　エ I　オ who) a lot about flowers.

①ア・ウ　②ア・オ　③イ・エ　④ウ・イ　⑤オ・ア

[6] 各組の会話を完成させるために,(　　)に入る最も適切な文を1つ選びなさい。

問1 [26]

A: What did you do in your vacation?

B:(　　)

A: Great!　I hope I can go there someday.

① I was busy cleaning my room.
② I had a great time.
③ I couldn't go anywhere.
④ I went to Hokkaido.
⑤ I spent every day watching TV all day.

問2 [27]

A: Happy birthday, Ayaka!　Here's a birthday present.

B: Thank you so much, Yuka. (　　)

A: Sure.

B: This is a cute smartphone case!　This is something that I've wanted.

① Can I open it?
② Can I try it on?
③ Really?
④ Did you enjoy it?
⑤ What should I do?

問3 [28]

A: This is my brother, Mark.

B: And is that your mother?

A: Yes, she is a nurse.

B: What does your brother do?

A:(　　)

① He often enjoy playing golf on weekends.
② He is washing his car now.
③ He is an office worker.
④ All right.
⑤ No, he doesn't.

問4 [29]

A: Can I help you?

B: I'd like two fish burgers and a French fries, please.

A: Sure. (　　)
B: Well, one hot coffee, please.
① I think so.
② How about something to drink?
③ That's a good choice.
④ By the way, do you like green tea?
⑤ Hurry up.

問5 | 30 |
A: Welcome to my house, Mayu.
B: Thanks for inviting me to dinner tonight.
A:(　　) I'm glad to see you on my birthday.
① Yes, of course.
② Oh, really?
③ Here you are.
④ That's true.
⑤ No problem.

| 7 | 次の英文は，アメリカから日本に留学しているMaryとホストマザーの洋子(Yoko)をはじめとする家族の会話である。英文を読んで，以下の問いに答えなさい。

Mary：I'm home, Yoko.
Yoko：Hello, Mary.　How was school today?
Mary：It was okay.　What are you carrying by the way?
Yoko：Oh, these are *hina* dolls [あ] I will display for *Hina-Matsuri* on March third.
Mary：*Hina...Matsuri*?　I have never heard of them...I know the word, "Matsuri" by itself.　It means "festival" in English, right?　Please い [ア what　イ me　ウ is　エ *Hina-Matsuri*　オ tell].
Yoko：Sure.　*Hina-Matsuri* is a special time to *pray for the growth and happiness of Japanese girls.
Mary：Fantastic!　These dolls look very nice in their colorful kimonos. They are beautiful.
Yoko：Almost all Japanese families with girls have their own *Hina* dolls. Actually, these dolls were a present from my grandmother when I was born. I like them very much. Now I have a daughter, Asami. I gave these dolls to her when she was born. Look, here comes Asami.
Asami：What are you doing, Mom? Wow, *Hina* dolls!　I see, *Hina-Matsuri* is coming soon. May I help you display them?
Yoko：Of course, you can. These dolls are yours. Now the *Hina-Matsuri* is also called the *Peach-*Blossom Festival* because a long time ago people believed that peach blossoms had special powers to *keep evil spirits away.
Mary：Peach blossoms? I thought cherry blossoms are popular in Japan.
Yoko：You are right.　Everyone enjoys getting together for picnics under the cherry blossoms.

It was believed that cherry trees were holy and the god of rice lived in them. During the Heian *period, the Japanese people began to get together to see the cherry blossoms. They enjoyed food, drink and writing poetry. During the Edo period, cherry trees were planted all over Japan. Today, many of these areas are well-known places for cherry blossom viewing.

Mary : That sounds like fun! My hometown also has cherry trees [う] the Potomac River, and people hold a festival during cherry blossom season. However no one has a picnic under え them. Please take me to a good place to see cherry blossoms next time, Yoko.

Yoko : Sure. [お]

Asami : That sounds nice. I'm looking forward to eating your delicious food and taking beautiful pictures. Mary, are you interested in Japanese culture?

Mary : Oh, yes. I came to Japan because I wanted to learn a lot about Japanese seasonal events, customs and traditions.

Yoko : I see. If you want to know more about Japanese culture, I will tell you about one more festival. It is called *Tango no sekku*, and is held on May fifth. This was traditionally a day for *celebrating the growth and good fortune of Japanese boys. Families with boys fly large, carp-shaped *streamers called *koinobori* outside their houses. Inside they display various kinds of *warrior dolls like *kabuto*, *Kintaro* or *musha-ningyo*. In 1948, this day was made a national holiday and named "Children's Day." It is now a day for boys and girls to celebrate together.

Mary : Why do people display the warrior dolls? They sometimes look *scary, [か]?

Yoko : That's a good question. Many years ago, during this season people observed customs which had been brought to Japan from China in the seventh century. May was thought to be an unlucky month so they wanted to keep evil spirits away. People displayed some plants with power to block them from entering. From the Edo period, they began to display warrior dolls, helmets and banners with hopes that their sons would grow up strongly and bravely. Old Chinese people believed that there was a carp which swam to heaven and changed into a dragon. Parents want their sons to grow up strong and brave. You can see many *koinobori* in the sky from the end of April to Children's Day.

Mary : That's really interesting. Thank you for telling me such nice stories.

*pray for the growth 成長を祈る / *blossom 花 / *keep evil spirits away 悪霊を遠ざける / *period 時代 / *celebrate 祝う / *streamer 吹き流し / *warrior 武者, 戦士 / *scary 恐ろしい

問1 空欄 **あ** に必要な語を入れたとき, 正しいものを1つ選びなさい。 [31]

① when　② who　③ which　④ and　⑤ but

問2 下線部 **い** を,「雛祭りが何か, 私に教えて」という意味になるように並べ替えたとき, 正しいものを1つ選びなさい。 [32]

① アエオイウ　② アウエオイ　③ アエウオイ　④ オイアエウ　⑤ オイアウエ

問3 本文中にある雛祭りや雛人形の記述として正しくないものを1つ選びなさい。 [33]

① 女の子のいる家庭では, たいていどこの家にも雛人形がある。

② Asamiの雛人形は，彼女が生まれたとき，彼女の祖母が買ってくれたものである。
③ 雛祭りは桃の花と深い関係がある。
④ Maryは「祭り」が英語で“festival”だということを知っていた。
⑤ 雛人形は美しい色とりどりの着物を着ている。

問4　本文中にあるお花見についての記述として正しくないものを1つ選びなさい。　[34]
① 平安時代から，人々は桜を見ながら詩を詠んでいた。
② 江戸時代に日本各地に桜が植えられていた。
③ 桜の木には米の神様が宿っていると考えられていた。
④ 桜の花は邪悪な霊を遠ざける特別な力があると考えられていた。
⑤ 形式は変わるがアメリカにも桜の花を愛でる習慣がある。

問5　空欄 **う** に入る最も適切なものを1つ選びなさい。　[35]
① about　② under　③ in　④ from　⑤ along

問6　下線部 **え** の指しているものは何か，最も適切なものを1つ選びなさい。　[36]
① 日本人
② アメリカ人
③ 日本人とアメリカ人
④ 桜の木
⑤ MaryとYokoとAsami

問7　話の流れに沿うように，空欄 **お** に入る最も適切なものを1つ選びなさい。　[37]
① You can go there alone, because it is near here.
② Cherry blossom viewing has a long history.
③ There are many places to see the cherry blossoms.
④ I will bring a special lunch box on that day.
⑤ You can go to your hometown anytime you want.

問8　下線部 **か** が，「それらは時に恐ろしく見えない?」という意味になるように，空欄に最も適切なものを1つ選びなさい。　[38]
① don’t they
② do they
③ aren’t they
④ are they
⑤ didn’t they

問9　本文中にある端午の節句の記述について正しくないものを1つ選びなさい。　[39]
① 5月5日に行われており，「こどもの日」として制定された。
② かぶとなどを飾り，現代も男の子のみの成長を願って行われる行事である。
③ 5月は不吉な月であると考えられていた。
④ 金太郎や武者人形，鯉のぼりなどを家の内外に飾る習慣がある。
⑤ 端午の節句の習慣は中国に由来している。

問10　鯉のぼりを飾る理由として本文に述べられているものを1つ選びなさい。　[40]
① 鯉には神様が宿ると考えられていたことから，豊かな収穫を願ったため。

② 家の入口に設置することにより，悪霊が家の中に入ってくるのを防ぐため。

③ 端午の節句に欠かせないかぶとや武者人形が，鯉に乗ってくるものだから。

④ 昔の中国では，鯉のぼりの下で食べ物や酒を楽しみ，詩を詠むなど人々が集まっていたから。

⑤ かつては鯉が竜に変身すると信じられており，男の子に竜のように強くなってほしいと願うため。

② 何でわざわざいらっしゃるのか
③ 何をしていらっしゃるのか
④ 何を困っていらっしゃるのか

問四 空欄 D にあてはまる言葉として適当なものをひとつ選びなさい。 34

① あひ　② ぬすみ
③ あるき　④ きき

問五 ――線E「それが親を知りたりけるによりて」の解釈として適当なものをひとつ選びなさい。 35

① 地蔵菩薩が子どもの親と親しかったので
② 博打が子どもの親と親しかったので
③ 尼が子どもの親と親しかったので
④ 子どもが自分の親と親しかったので

問六 ――線F「今来なん」の解釈として適当なものをひとつ選びなさい。 36

① しばらく帰ってこないだろう
② 今、どこかに行ってしまっている
③ 今、行ってしまったばかりだ
④ もうすぐ帰るだろう

問七 ――線G「くは、ここなり。ぢざうのおはします所は」と、――線I「くは、ぢざう」と発言したそれぞれの人物の組み合わせとして適当なものをひとつ選びなさい。 37

① G 博打　I 親　② G 親　I 博打
③ G 尼　I 親　④ G 博打　I 尼

問八 ――線H「博打は急ぎて取りて往ぬ」の理由として適当なものをひとつ選びなさい。 38

① 博打は急に自分の用事を思い出し、すぐに家に戻らなくてはならなかったから。
② 博打はだましていることを尼にばれないうちに姿を消したかったから。
③ 博打はこの家の者に尼の衣を取られる前に姿を消したかったから。
④ 博打はいつもかけごとばかりしているので、地蔵菩薩に叱られたくなかったから。

問九 ――線J「かくて立ちたまへれば」とは誰の動作か。適当なものをひとつ選びなさい。 39

① 童　② 地蔵　③ 尼　④ 博打

問十 この文章は『宇治拾遺物語』という書物に収められており、お地蔵様が登場するなど、仏教的な要素の強い話である。この文章と近い時代に書かれたものとして『平家物語』があるが、『宇治拾遺物語』や『平家物語』と最も近い時代に書かれたものを次からひとつ選びなさい。 40

① 『竹取物語』　② 『万葉集』
③ 『徒然草』　④ 『奥の細道』

（まあ、うれしいこと）
「あはれ、うれしきことかな。地蔵の歩かせたまはん所へ我を率《ゐ》ておはせよ」と言へば、「我に物を得させたまへ。やがて率てたてまつらん」と言ひければ、「この着たる衣たてまつらん」と言へば、「いざたまへ」とて隣なる所へ率て行く。

尼悦《よろこ》びて急ぎ行くに、そこの子にぢざうといふ童《わらは》※ありけるを、Eそれが親を知りたりけるによりて、「ぢざうは」と問ひければ、親、「遊びに往ぬ。F今来なん」と言へば、
（「ほら、ここですよ、じぞうのいらっしゃる所は」）
G「くは、ここなり。ぢざうのおはします所は」と言へば、尼、うれしくて紬《つむぎ》※の衣を脱ぎて取らすれば、H博打は急ぎて取りて往ぬ。
（「地蔵を見申し上げたい」）　（納得がいかず）
尼は「地蔵見参らせん」とてゐたれば、親どもは心得ず、「などこの童を見んと思ふらん」と思ふほどに、十ばかりなる童の来たるを、
（「ほら、じぞうだよ」）
I「くは、ぢざう」と言へば、
（それを見るやもう夢中になって転げるように伏して拝み）
尼、見るままに是非も知らず、臥《ふ》し転《まろ》びて拝み入りて、土にうつぶしたり。童、楉《すわえ》※を持て遊びけるままに来たりけるが、その楉して手すさび※のやうに額をかけば、額より顔の上まで裂けぬ。裂けたる中よりえもいはずめでたき地蔵の御顔見えたまふ。尼拝み入りてうち見上げたれば、Jかくて立ちたまへれば、涙を流して拝み入り参らせて、やがて極楽へ参りけり。
（そのまま極楽往生を遂げた）

されば心にだにも深く念じつれば、仏も見えたまふなりけりと信ずべし。

（注）※丹後国＝現在の京都府北部
※博打＝かけごとで暮らしている者
※童＝子ども
※紬の衣＝丈夫な絹糸で織った上等の布地で仕上げた着物
※楉＝木の細枝
※手すさび＝手遊び

問一　——線A「ほのかに聞きて」の解釈として適当なものをひとつ選びなさい。 31

① 尼は、地蔵が夜明け方お歩きになると博打から聞いていたので
② 尼は、地蔵が夜明け方お歩きになることを夢で告げられて
③ 尼は、地蔵が夜明け方お歩きになることを小耳にはさんで
④ 尼は、地蔵が夜明け方お歩きになることを固く信じていたので

問二　——線B「ひと世界惑ひ歩くに」の解釈として適当なものをひとつ選びなさい。 32

① あたり一帯をあてもなく歩き回っていたが
② 世界中をあてもなく歩き回っていたが
③ 人に迷惑をかけないように歩き回っていたが
④ 人の世界をあてもなく歩き回っていたが

問三　——線C「何わざしたまふぞ」の解釈として適当なものをひとつ選びなさい。 33

① 何という薄着でいらっしゃるのか

はどういうことですか。適当なものをひとつ選びなさい。 27

① 素材にかかわらず生活から生まれた道具は大切に保存すべきだということ。
② 外で履物をはくということがフランスも日本も先進国である証明だということ。
③ 革靴も足袋も歴史の産物であり形は違っても文化としては同等であるということ。
④ 貧しくて履物が買えない階級がなければ人権が確立した文明国であるということ。

問八 ――線K「泡立つバブルの泡銭」とは1980年代に日本で起きた実態経済を超えた地価・株価の高騰によるバブル景気のことです。このように「苦労せずに利益を得る」という意味のことわざとして適当なものをひとつ選びなさい。 28

① 果報は寝て待て　② 悪銭身に付かず
③ 機を見るに敏　④ 濡《ぬ》れ手で粟《あわ》

問九 ――線L「歴史が消しゴムのカスになって机の下に払い捨てられてしまった」とはどういうことですか。適当なものをひとつ選びなさい。 29

① 劣等感はぬぐえてもなぜ劣等感を持ったかという検証はできなかったこと。
② 経済的な側面だけを重視しヨーロッパ文明の多角的な理解はなおざりにされたこと。
③ アジアをヨーロッパより下に見るという価値観から脱却する機会を失ったこと。
④ ヨーロッパの歴史的ブランドや芸術品を買い占め価値を下げてしまったこと。

問十 本文の内容にあてはまるものをひとつ選びなさい。 30

① 西洋人の多様性を受け入れずひとつの価値観にとらわれる傾向が日本人にはある。
② 作者が小説を書く理由のひとつは多くの人が西洋人に持つ偏見を取り払うためである。
③ 一九八〇年以降経済力で西洋に追いついた日本は外国語の習得に興味がなくなった。
④ アフリカ人が劣等感を克服した現在も日本人の西洋への劣等感はなくならない。

三 次の古文を読んであとの問いに答えなさい。なお、解答番号 31 ～ 40 までは解答欄⑤は使用しません。

今は昔、※丹後国《たんごのくに》に老尼ありけり。地蔵菩薩《ぼさつ》は(お地蔵さまは)暁《あかつき》ごとに歩きたまふといふことを A ほのかに聞きて、暁ごとに地蔵見たてまつらん(拝み申したい)とて、B ひと世界惑ひ歩くに、※博打《ばくうち》の打ちほうけてゐたるが見て、「尼君は寒きに C 何わざしたまふぞ」と言へば、「地蔵菩薩の暁に歩きたまふなるに D 参らせんとて、かく歩くなり」と言へば、「地蔵の歩かせたまふ道は我こそ知りたれば、いざたまへ、あはせ参らせん(さあ、一緒にいらっしゃい)」と言へば、

ため。

③ 外国語で創作することで言語の新たな表現を見つけるため。

④ 外国語で創作することでヨーロッパ中心主義を無力化するため。

問二 空欄 [B] [D] [F] [G] それぞれに入る語句の組み合わせをひとつ選びなさい。 [22]

① B 外部 D 内部 F 外部 G 内部

② B 外部 D 外部 F 内部 G 内部

③ B 内部 D 内部 F 外部 G 外部

④ B 内部 D 外部 F 内部 G 外部

問三 ――線C「外国語で創作するうえで難しいのは、言葉そのものよりも、偏見と戦うことだろう」とありますが、作者の言う「偏見」にあてはまる例をひとつ選びなさい。 [23]

① 日本の古典芸能を学ぶ外国人に対して日本人と同じ理解はできないと決めつけること。

② 日本語を母語としている外国籍の作家に対し日本語の自然さを称賛すること。

③ 日本の寿司職人に弟子入りした外国人にあえてゆっくりした日本語で注文すること。

④ 日本語は難しいという先入観で外国人の日本語の誤りを指摘しないこと。

問四 ――線E「階級意識」とはなんですか。適当なものをひとつ選びなさい。 [24]

① 同じ価値観を共有する選ばれた存在であるという感覚。

② 自分だけは絶えず他人から評価されたいという願望。

③ かつて占領された体験にもとづくぬぐいきれない劣等感。

④ 西洋の方がアジアより優れているとすりこまれた先入観。

問五 ――線H「生身の西洋人は無視し、自分の頭に思い描いている『西洋人』像を保持する」理由をひとつ選びなさい。 [25]

① 日本人は生まれつき平等の意識が強く西洋の格差社会を実感できないから。

② 日本人には自分たちの行為を他から評価してくれる権威が必要だから。

③ 現実の西洋人は多様化しており国ごとの特色が薄れているから。

④ 日本にとって必要なのは西洋の制度であり生身の人間ではないから。

問六 空欄 [I] に入る文章をひとつ選びなさい。 [26]

① ヨーロッパ人はアジアの劣等感を否定することを避けてしまった

② アフリカ人はヨーロッパの優越感をなぜか身につけてしまった

③ 日本人はアジアの価値観をなぜか経済的単位に置き換えてしまった

④ 日本人はヨーロッパの野蛮観をなぜかそのまま受け入れてしまった

問七 ――線J「革靴だけが文明なのではなく足袋も文明なのだ」と

して機能しないので、H生身の西洋人は無視し、自分の頭に思い描いている「西洋人」像を保持するというような状況が、ごく最近まで日本にあったような気がする。

　もう二十年以上も前になるが、まだ日本に住んでいた頃、アテネ・フランセで「車に轢《ひ》かれた犬」という映画を見た。日本で暮らす西アフリカから来た日本文化研究者の話だが、彼は、日本に住んでいるフランス人たちには「アフリカには餓死している人がいるのに君は日本学なんかやっていていいのか」と言われ、飲み屋では酔っぱらった日本人に「アフリカでは人の肉を食うって本当ですか?」と聞かれ、かっとなってテーブルをひっくり返してしまう。フランス語を教えるアルバイトをしようとして広告を出すと、希望者の若い日本人女性が家に訪ねて来るが、彼がアフリカ人であるのを見ると驚いて走って逃げて行ってしまう。このシーンは、日本人が「フランス語」というものに背負わせている屈折した願望と、劣等感から来る自覚症状のない不安を鋭く照らし出しているように思った。「自分たちはアフリカと同じくヨーロッパ人が勝手に野蛮人と見なしていたアジアの人間であるが、今は金持ちになったので、そのお金で高い授業料を払ってフランス語を習うことで、野蛮人ではないことを再確認したい」と無意識に思っているのに、よりによって野蛮人と思われ続けた被害者の代表とも言えるアフリカ人がフランス語の教師として姿を現したので、あわてて逃げていったのだろう。これはつまり、「　I　」ということになる。このような妙な劣等感は、経済成長によって隠蔽《いんぺい》されはしたが、消えてなくなったわけではない。日本人が野蛮人ではない理由は、J革靴だけが文明なのではなく足袋も文明なのだという単純な理由からなのだが、そういう考察は省略されてしまって、日本人はお金を持っているから野蛮人ではない、という変な形で傷を癒《い》やそうとしていた時代に、わたしはまさに生まれ育ったことになる。わたしがドイツに移住した一九八〇年代には、ヨーロッパで高級品を買い漁《あさ》ったり、高級レストランに行くのが日本人ばかりであることを中年以上の日本人自身が変に強調したがったのは、それで潜在的劣等感の巻き起こすストレスが解消されたからだろう。

　K泡立つバブルの泡銭《あぶくぜに》を使って贅沢して楽しんだというなら分かるが、そうではなくて、その買い物熱には、怨みを金で晴らすというような攻撃性が感じられた。その結果、ヨーロッパ中心主義を外から見て無力化するチャンスを逃してしまっただけでなく、ヨーロッパ文明を消費者の文明としてのみ捉え自分たちをその一部であるという考え方が一般化し、L歴史が消しゴムのカスになって机の下に払い捨てられてしまったような気がする。たとえば、最近の日本人は「アジアに行く」などと言う。わたしなどは「え、どういう意味?」と驚くが、彼らにとって「アジア」には日本が入っていないから、この言い方はおかしくないのだそうだ。アジアを地理的、歴史的に捉えず、経済的な単位として捉えているらしい。

多和田葉子『エクソフォニー　母語の外へ出る旅』（岩波書店）

問一　――線A「ある言語で小説を書くということ」とありますが、作者が外国語で小説を創作する理由をひとつ選びなさい。［21］

①　外国語で創作することで実績を捨てて初心を取り戻すため。

②　外国語で創作することで日本人特有の劣等感から抜け出す

① 五段活用　② 上一段活用　③ 下一段活用
④ カ行変格活用　⑤ サ行変格活用

二 次の文章を読んであとの問いに答えなさい。なお、解答番号[21]～[30]までは解答欄⑤は使用しません。また、本文の前後には省略があります。

Aある言語で小説を書くということは、その言語が現在多くの人によって使われている姿をなるべく真似するということではない。同時代の人たちが美しいと信じている姿をなぞってみせるということでもない。むしろ、その言語の中に潜在しながらまだ誰も見たことのない姿を引き出して見せることの方が重要だろう。そのことによって言語表現の可能性と不可能性という問題に迫るためには、母語の[B]に出ることが一つの有力な戦略になる。もちろん、外に出る方法はいろいろあり、外国語の中に入ってみるというのは、そのうちの一つの方法に過ぎない。

C外国語で創作するうえで難しいのは、言葉そのものよりも、偏見と戦うことだろう。外国語とのつきあいは、「上手」「下手」という基準で計るものだと思っている人がドイツにも日本にもたくさんいる。日本語で芸術表現している人間に対して、「日本語がとてもお上手ですね」などと言うのは、ゴッホに向かって「ひまわりの描き方がとてもお上手ですね」と言うようなものでとても変なのだが、まじめな顔をしてそういうことを言う人が結構いる。創作者が外国人だと、急に、「上手」「下手」という基準で見てしまうらしい。

日本人が外国語と接する時には特にその言語を自分にとってどういう意味を持つものにしていきたいのかを考えないで勉強していることが多いように思う。すると、上手い、下手だけが問題になってしまう。そうなってしまう歴史的背景もあるだろう。特に英語やフランス語など西洋の言語は、日本社会の[D]での階級差別の道具として使われてきた。英語が下手だと入試に落ちて一流大学に行けないというだけのことではない。もっと漠然としたE「階級意識」の演出に外国語が使われることが今でもある。最近日本のマンガを読んでいたら「このフレンチ・レストランはメニューもすべてフランス語のみ、高級な客しか相手にしない」という文章があった。外国語を習うこと、留学するということは「高級に」なること、つまり普通の人と差をつけて、国内で階級を上へ這《は》い上がるという象徴的な意味を持っているらしい。しかも、誰が上手で誰が下手かということが確実に言えるということは、それを決定する権威が自分たちではなく、どこか「[F]の上の方」にあるということである。その権威は日本で抽象化された「西洋人」の偶像であり、その権威が、自分の言葉が「上手」かどうかを決めてくれる、という発想である。それは家元制度的な発想と言うよりは、むしろ植民地的な発想だと言えるだろう。なぜなら、家元制度では師匠は組織の[G]の人間だし、抽象化された偶像ではなく一応血の通ったひとりの人間だからだ。抽象化された「西洋人」を権威機関として崇《あが》めるということは、具体的な西洋出身の個人を無視するということにもなる。実際に生きている生身の西洋人は、トルコ系ドイツ人、韓国系ドイツ人、インド系イギリス人や、ベトナム系フランス人、アフリカ系アメリカ人、日系アメリカ人などいろいろな人たちから成り立っているが、そういう多様性があっては、「西洋」が差別の機械と

⑤ 戦争で土地が荒ハイする。

E 印象に残った文章を抜スイする。 11

① プロジェクトを完スイさせる。
② 国家の盛スイに無常を感じる。
③ 舞台俳優の演技に陶スイする。
④ 節約をするために自スイする。
⑤ 純スイな気持ちに心を打たれた。

問四 次の中から敬語の使い方が適切なものをひとつ選びなさい。 12

①先生がわたしのところにお尋ねします。
②母があなたのところにいらっしゃいます。
③わたしがあなたのところに伺います。
④先生がわたしのところに参ります。
⑤わたしが会議にお行きになります。

問五 次の作家の作品でないものをひとつ選びなさい。 13

森　鷗外

① 『三四郎』 ② 『雁』 ③ 『山椒大夫』
④ 『高瀬舟』 ⑤ 『舞姫』

問六 次のA・Bの四字熟語の中で漢字に誤りのあるものをそれぞれひとつずつ選びなさい。

A ① 自画自賛 ② 公平無私 ③ 朝令暮改 14
④ 厚顔無知 ⑤ 絶体絶命

B ① 一心同体 ② 画竜点睛 ③ 気色満面 15
④ 縦横無尽 ⑤ 質実剛健

問七 次のA・Bのことわざの意味をそれぞれひとつずつ選びなさい。

A 情けは人のためならず 16

B 君子は和して同ぜず 17

① 同じ境遇にある者同士が助け合って生きていくという意味。
② 自分にも、他人にもいいことがあるように願うという意味。
③ 思いやりを持って接する人に対しては逆らえないという意味。
④ 立派な人は、協調はするがむやみに同調はしないという意味。
⑤ 他人に親切にすれば、いつかは自分に返ってくるという意味。

問八 次の――線の言葉と意味・用法が近いものをひとつ選びなさい。 18

今日は晴れているが、外には出ないと決めている。

① せつない気持ちになる音楽を聴いた。
② いまだにネッシーの存在が信じられない。
③ 食べられるのに捨てるのはもったいない。
④ この道は車の通行が多いので静かでない。
⑤ 毎日掃除をしているのでゴミが一つもない。

問九 次の――線の動詞の活用の種類をひとつ選びなさい。

A 友人は時間より前に集合場所に来る。 19

B 先週購入した洋服を着て出かける。 20

【国　語】（四〇分）〈満点：一〇〇点〉

一　次のそれぞれの問いに答えなさい。

問一　次のA～Dの漢字の読みとして適当なものをそれぞれひとつずつ選びなさい。

A　清澄　[1]
① せいとう　② せいちょう
③ せいそう　④ せいりょう
⑤ せいじょう

B　翻す　[2]
① ひるがえ(す)　② やく(す)
③ くつがえ(す)　④ こわ(す)
⑤ うなが(す)

C　施す　[3]
① もよお(す)　② かも(す)
③ おろ(す)　④ ほどこ(す)
⑤ ため(す)

D　暫時　[4]
① ざんじ　② ずいじ
③ そくじ　④ すんじ
⑤ ぜんじ

問二　次のA・Bの空欄に漢字を入れて対義語を作るとき、あてはまる漢字をそれぞれひとつずつ選びなさい。

A　具体 ―― （　）象　[5]
① 印　② 現　③ 気　④ 抽　⑤ 対

B　一般 ―― 特（　）　[6]
① 色　② 選　③ 徴　④ 筆　⑤ 殊

問三　次のA～Eの――線のカタカナと同じ漢字を使うものをそれぞれひとつずつ選びなさい。

A　問題をオン便に処理する　[7]
① オン健な思想を持つ青年。
② オン密にことを運ぶ。
③ オン順な人柄が場を和ませた。
④ オン義に報いるよう努力する。
⑤ 長い文章をオン節で区切る。

B　哀セキの念に堪えない。　[8]
① 縄文時代の遺セキを見る。
② 戸セキ謄本を取得する。
③ 失敗のセキ任をとる。
④ 問題が山セキしている。
⑤ 重要な試合にセキ敗する。

C　温泉に入り疲ロウ回復に努める。　[9]
① 学校のロウ下を掃除する。
② ロウ人して受験勉強をする。
③ 一日八時間のロウ働をする。
④ 遺ロウのないように記入する。
⑤ ロウ婆心ながら忠告する。

D　古い書類をハイ棄する。　[10]
① 優勝して祝ハイをあげる。
② 温室効果ガスをハイ出する。
③ 貴重な時間をハイ借します。
④ 街頭でチラシをハイ布する。

2020年度

解　答　と　解　説

《2020年度の配点は解答欄に掲載してあります。》

＜数学解答＞

[1]　問1　④　　問2　④　　問3　②　　問4　⑥　　[2]　問1　⑤　　問2　⑤

[3]　問1　③　　問2　①　　問3　③　　問4　⑥　　問5　⑥　　問6　⑤　　問7　②

　　問8　②　　問9　④　　問10　③　　問11　④

[4]　問1　⑥　　問2　②　　問3　⑤

○配点○

各5点×20　　　計100点

＜数学解説＞

基本　[1]　（数・式の計算，平方根の計算）

問1　$(-2)^3-3^3\times(-4)=(-8)-27\times(-4)=-8+108=100$

問2　$(\sqrt{8}-\sqrt{18})^2=8-2\sqrt{8}\times\sqrt{18}+18=8-2\times2\sqrt{2}\times3\sqrt{2}+18=8-24+18=2$

問3　$\dfrac{2x-5}{2}-\dfrac{3x-8}{3}=\dfrac{3(2x-5)-2(3x-8)}{6}=\dfrac{6x-15-6x+16}{6}=\dfrac{1}{6}$

問4　$(3x^3y)^2\div2x^2y=9x^6y^2\div2x^2y=\dfrac{9x^4y}{2}$

基本　[2]　（1次方程式，2次方程式）

問1　$\dfrac{x}{3}-\dfrac{9}{4}=\dfrac{5}{12}-x$　　両辺を12倍して，$4x-27=5-12x$　　$4x+12x=5+27$　　$16x=32$
$x=2$

問2　$(x-1)^2-2(x-1)=-1$　　$x-1$をMとおくと，$M^2-2M+1=0$　　$(M-1)^2=0$　　$M=1$
$x-1=1$　　$x=2$

[3]　（因数分解，式の値，方程式の応用問題，連立方程式，2次方程式，平方数，数の性質，角度，三角形と線分の比の定理，表面積，体積）

問1　$x^2-y^2+x+y=(x+y)(x-y)+(x+y)=(x+y)(x-y+1)$　　よって，$P=x-y+1$

問2　$4xy-2x+2y=4xy-2(x-y)=4\times\dfrac{2\sqrt{2}+1}{3}\times\dfrac{2\sqrt{2}-1}{3}-2\left(\dfrac{2\sqrt{2}+1}{3}-\dfrac{2\sqrt{2}-1}{3}\right)=4\times\dfrac{8-1}{9}$
$-2\times\dfrac{2}{3}=\dfrac{28}{9}-\dfrac{4}{3}=\dfrac{28}{9}-\dfrac{12}{9}=\dfrac{16}{9}$

問3　濃度8％の食塩水をxgとすると，濃度15％の食塩水は$(700-x)$g　　食塩の量から方程式を立てると，$x\times\dfrac{8}{100}+(700-x)\times\dfrac{15}{100}=700\times\dfrac{10}{100}$　　両辺を100倍して，$8x+10500-15x=7000$
$7x=3500$　　$x=500$(g)

問4　$2bx+ay=13$と$ax=-by+9$に$x=2$，$y=3$を代入すると，$4b+3a=13$　　$3a+4b=13$…①
$2a=-3b+9$　　$2a+3b=9$…②　　①×3－②×4から，$a=3$

問5　$x^2+2x-a=0$…①　　①に$x=-1+\sqrt{5}$を代入して，$(-1+\sqrt{5})^2+2(-1+\sqrt{5})-a=0$

$a=(-1+\sqrt{5})^2+2(-1+\sqrt{5})=1-2\sqrt{5}+5-2+2\sqrt{5}=4$

問6 $\sqrt{2020n}=2\sqrt{505n}$　$n=505\times k^2$（kは自然数）のとき$\sqrt{2020n}$は自然数になる。最も小さな自然数nは$k=1$のときだから，$n=505\times1^2=505$

問7 素数は小さい方から，2，3，5，7，11，13，17，…　よって，7番目の素数は，17

問8 $\angle x=\dfrac{180^\circ-62^\circ\times2}{2}=\dfrac{56^\circ}{2}=28^\circ$

問9 三角形と線分の比の定理から，4：x＝6：(6＋3)　4：x＝6：9　$x=\dfrac{4\times9}{6}=6$(cm)

問10 $2\times2+\dfrac{1}{2}\times2\times2\times\dfrac{\sqrt{3}}{2}\times4=4+4\sqrt{3}$ (cm^2)

問11 $2\times2\times2-\dfrac{1}{3}\times\dfrac{1}{2}\times2\times2\times2=8-\dfrac{4}{3}=\dfrac{20}{3}$ (cm^3)

4 （図形と関数・グラフの融合問題）

基本 問1 $y=x^2$…①　$y=-3x$…②　①と②からyを消去すると，$x^2=-3x$　$x^2+3x=0$　$x(x+3)=0$　$x=0,\ -3$　$x=-3$を①に代入して，$y=(-3)^2=9$　よって，A$(-3,\ 9)$

問2 点Aからx軸へ垂線AHを引くと，OH＝3　AH＝9　△AOHにおいて三平方の定理を用いると，$\mathrm{AO}=\sqrt{\mathrm{OH}^2+\mathrm{AH}^2}=\sqrt{3^2+9^2}=\sqrt{90}=3\sqrt{10}$

重要 問3 △OABのOBを底辺とすると，高さは9　△OABの面積から，$\dfrac{1}{2}\times\mathrm{OB}\times9=\dfrac{27}{2}$　OB＝3　B$(-3,\ 0)$とすると，点Bは点Hと重なる。点Bから直線OAへ垂線BIを引くと求めるのはBIの長さになる。△AOHと△BOIにおいて，∠AHO＝∠BIO＝90°…①　共通な角から，∠AOH＝∠BOI…②　①と②から，2組の角がそれぞれ等しいことから，△AOH∽△BOI　よって，AO：AH＝BO：BI　$3\sqrt{10}$：9＝3：BI　$\mathrm{BI}=\dfrac{9\times3}{3\sqrt{10}}=\dfrac{9\sqrt{10}}{10}$

★ワンポイントアドバイス★

4問3は，点Bの座標を(3，0)として考えても同じ結果が得られる。

＜英語解答＞

1	1	④	2	①	3	⑤	4	②	5	④							
2	6	⑤	7	②	8	③	9	①	10	④							
3	11	④	12	⑤	13	①	14	①	15	②							
4	16	①	17	②	18	③	19	⑤	20	④							
5	21	③	22	⑤	23	③	24	⑤	25	②							
6	26	④	27	①	28	③	29	②	30	⑤							
7	31	③	32	④	33	②	34	④	35	⑤	36	④	37	④	38	①
	39	②	40	⑤													

○配点○

7 各4点×10　他 各2点×30　計100点

＜英語解説＞

1 （発音）

問1 1 ④は[ɑ]，他は[æ]。 問2 2 ①は[iː]，他は[e]。 問3 3 ⑤は[ai]，他は[i]。
問4 4 ②は[d]，他は[t]。 問5 5 ④は[iə*r*]，他は[eə*r*]。

2 （アクセント）

問1 6 ⑤は第2音節，他は第1音節を強く読む。 問2 7 ②は第3音節，他は第2音節。
問3 8 ③は第2音節，他は第1音節。 問4 9 ①は第2音節，他は第1音節。
問5 10 ④は第2音節，他は第1音節。

基本 3 （語句補充・選択：前置詞，熟語，比較，関係代名詞，時制）

問1 11 「私は7月6日に生まれた」〈on ＋日付〉「～に」

問2 12 「かごにたくさんのオレンジがある」〈There are ＋複数名詞〉「～がある，いる」

問3 13 「そのニュースは皆に知られている」 be known to ～「～に知られている」

問4 14 「ボブは4人の中で最年長だ」〈the ＋最上級＋ of ～〉「～の中で最も…」

問5 15 「これはタロウが先週撮影した写真だ」 Taro の前に目的格の関係代名詞が省略されており，Taro took last week「タロウが先週撮影した」が picture を後ろから修飾する。

基本 4 （言い換え・書き換え：不定詞，助動詞，受動態，接続詞，前置詞，現在完了）

問1 16 「あなたは新しい車を買う必要はない」〈don't have to ＋動詞の原形〉「～する必要がない」 下は〈It is necessary for ＋人＋ to ＋動詞の原形〉「(人)は～する必要がある」という構文を否定文にする。

問2 17 「昨晩多くの星が見えた」「私たちは昨晩多くの星を見た」 受動態から能動態への書き換え。last night とあるので過去形にする。see－saw－seen

問3 18 「急がなければ学校に遅刻するでしょう」「急ぎなさい，さもないと学校に遅刻します」〈命令文, or ～〉「…しなさい，さもないと～」

問4 19 「私たちはきれいな水がなければ生きられない」 without ～「～なしで」

問5 20 「私が最後に彼に会ってから3年だ」「私は3年間彼に会っていない」 現在完了の否定文で「ずっと～していない」と表す。

重要 5 （語句整序：間接疑問，比較，前置詞，関係代名詞）

問1 21 (Can you) see whose notebook this is?「あなたはこれが誰のノートかわかりますか」 whose 以下は間接疑問で〈疑問詞＋主語＋動詞〉の語順。

問2 22 (My) mother is twice as old (as me.)「母は私の2倍の年齢だ」 twice as … as ～「～の2倍…」

問3 23 (The) train runs between Tokyo and (Hakata.)「その電車は東京と博多の間を走行している」 between A and B「AとBの間」

問4 24 (I) like history best of all (subject.)「私は全ての教科の中で歴史が一番好きだ」 like ～ (the) best of all …「全ての…の中で～が一番好き」

問5 25 I have a friend who knows (a lot about flowers.)「私は花についてよく知っている友達がいる」 who は主格の関係代名詞で，who 以下が friend を後ろから修飾する。

基本 6 （対話文完成：語句補充・選択，口語表現）

問1 26 A：休暇中に何をした？／B：北海道へ行ったよ。／A：すごい！ 私もいつか行きたい。

問2 27 A：アヤカ，誕生日おめでとう！ 誕生日プレゼントよ。／B：ユカ，本当にありがとう。開けてもいい？／A：もちろん。／B：かわいいスマホケース！ 私がほしかったものよ。

問3 28 A：こちらは私の兄のマークです。／B：あちらはあなたのお母さん？／A：はい，母は看護師です。／B：お兄さんは何をしていますか？／A：兄はサラリーマンです。

問4 29 A：いらっしゃいませ。／B：フィッシュバーガー2個とフライドポテト1個をお願いします。／A：かしこまりました。飲み物はいかがですか？／B：ホットコーヒーを1つください。

問5 30 A：マユ，我が家へようこそ。／B：今夜，夕食に招いてくれてありがとう。／A：とんでもない。私の誕生日にあなたに会えてうれしいわ。 No problem. はお礼を言われた時の返答で，「お礼を言われるほどのことでもありません」という意味。

7 **（会話文読解問題：語句補充・選択，関係代名詞，語句整序，間接疑問，内容吟味，前置詞，指示語，付加疑問）**

（全訳） メアリ：ただいま，ヨウコ。

ヨウコ：あら，メアリ。学校はどうだった？

メアリ：問題なかったよ。ところで，何を運んでいるの？

ヨウコ：ああ，これは3月3日の雛祭りのために飾る，雛人形よ。

メアリ：ひな…まつり？ 聞いたことがない… 「祭り」という単語だけなら知っているわ。英語のfestivalの意味でしょう？ い雛祭りが何か，私に教えて。

ヨウコ：いいわよ。雛祭りは日本の女の子たちの成長と幸せを祈る，特別な時なの。

メアリ：素晴らしい！ これらの人形は色とりどりの着物を着てとても素敵。きれいだわ。

ヨウコ：女の子がいる日本人家庭のほとんど全てが，雛人形を持っているわ。実は，これらの人形は私が生まれた時に私の祖母からプレゼントされたの。私はとても気に入っているわ。私には今，娘のアサミがいるわね。娘が生まれた時，私はこれらの人形を娘にあげたのよ。ほら，アサミが来たわ。

アサミ：ママ，何をしているの？ あ，雛人形だ！ そうか，もうすぐ雛祭りね。飾るのを手伝おうか？

ヨウコ：もちろん。これらの人形はあなたのものよ。雛祭りは桃の節句とも呼ばれているのよ。昔，人々は桃の花には悪霊を遠ざける力があると信じていたから。

メアリ：桃の花？ 日本では桜の花が人気だと思っていたわ。

ヨウコ：そうよ。みんな桜の木の下に集まってピクニックを楽しむわ。桜の木は神聖で，米の神様が住んでいると信じられていたの。平安時代に，日本人は桜の花を見るために集まるようになった。彼らは食べたり，飲んだり，詩歌を作って楽しんだの。江戸時代に桜の木は日本中に植えられたわ。現在，これらの場所の多くがお花見の名所として知られている。

メアリ：それは楽しそう！ 私の町もポトマック川[う]沿いに桜の木があるの。桜の花の時期にはお祭りが開かれるわ。でもえそれらの下でピクニックをする人はいない。ヨウコ，今度私をお花見に良い場所に連れて行って。

ヨウコ：いいわよ。おその日には特別なお弁当を持って行くわね。

アサミ：それはいいね。ママのおいしい料理を食べてきれいな写真を撮るのが楽しみよ。メアリ，日本文化に興味ある？

メアリ：うん。私は日本の季節行事や，習慣，伝統をたくさん知りたいと思ったから，日本に来たの。

ヨウコ：そうなの。日本文化についてもっと知りたいなら，もう1つのお祭りを教えてあげる。それは端午の節句と呼ばれて，5月5日に開催される。これは元々は日本の男の子の成長と幸運をお祝いする日だったの。男の子のいる家庭は家の外にこいのぼりと呼ばれる大きな鯉の形の吹き流しを掲げるのよ。家の中では兜，金太郎，武者人形などの様々な人形を飾る。

1948年，この日は休日になって「こどもの日」と名付けられたの。今では男の子も女の子も一緒にお祝いする日よ。

メアリ：どうして武者人形を飾るの？ それらは恐ろしく見える場合もある[か]でしょ？

ヨウコ：それは良い質問ね。昔，この時期に人々は中国から7世紀に日本にもたらされた習慣を守っていたの。5月は不運な月だと考えられていたので悪霊を遠ざけたかった。人々は悪霊が入ってくるのを防ぐ力のある植物を飾った。江戸時代から，自分たちの息子が強く勇敢に育ってほしいという願いを込めて，人々は武者人形，兜，旗を飾り始めた。昔の中国の人々は，天まで泳いで行って龍になった鯉がいた，と信じていたの。親は自分の息子たちが強く勇敢に育ってほしいものよね。4月末から子供の日にかけて，空にたくさんのこいのぼりが見えるわ。

メアリ：それは本当に興味深い。素晴らしい話を教えてくれてありがとう。

問1 [31] 目的格の関係代名詞 which を入れ，which 以下が *hina* dolls を後ろから修飾する。

問2 [32] what 以下は間接疑問で〈疑問詞＋主語＋動詞〉の語順。

重要 問3 [33] ヨウコの4番目の発言の第5文参照。アサミの雛人形は母のヨウコがあげたものである。

重要 問4 [34] ヨウコの5番目の発言の第3文参照。桜の花ではなく，桃の花が悪霊を遠ざける力があると考えられていた。

問5 [35] along ～「～沿いに」

問6 [36] 下線部えは空所[う]の直前の cherry trees を指す。

問7 [37] 直後のアサミの発言参照。your delicious food「あなたのおいしい料理」と言っていることから，④「私はその日に特別なお弁当を持って行く」が適切。

問8 [38] 肯定文には否定の付加疑問を付ける。主語は They で一般動詞の文であるから don't they ? とする。

重要 問9 [39] ヨウコの最後から2番目の発言の最終文参照。端午の節句は，今は男女とも祝う日なので②が誤り。

重要 問10 [40] ⑤がヨウコの最後の発言の第6，7文と一致する。

★ワンポイントアドバイス★

[7]の会話文読解は，雛祭り（桃の節句），花見，こどもの日（端午の節句）についての会話。日本文化を外国人に英語で説明する文章は，入試でよく出題されるテーマの1つである。

＜国語解答＞

[一] 問一 A ② B ① C ④ D ① 問二 A ④ B ⑤ 問三 A ① B ⑤ C ③ D ⑤ E ⑤ 問四 ③ 問五 ① 問六 A ④ B ③ 問七 A ⑤ B ④ 問八 ② 問九 A ④ B ②

[二] 問一 ③ 問二 ① 問三 ② 問四 ① 問五 ② 問六 ④ 問七 ③ 問八 ④ 問九 ② 問十 ①

[三] 問一 ③ 問二 ① 問三 ③ 問四 ① 問五 ② 問六 ④ 問七 ① 問八 ② 問九 ② 問十 ③

○配点○

一　各2点×20　二・三　各3点×20　　計100点

＜国語解説＞

一 (漢字の読み書き，対義語，四字熟語，ことわざ，品詞・用法，敬語，文学史)

基本　問一　Aは，澄みきっていて清らかなこと。Bの音読みは「ホン」。熟語は「翻意(ほんい)」など。Cの音読みは「シ・セ」。熟語は「実施(じっし)」「施錠(せじょう)」など。Dは，しばらく，少しの間，という意味。

問二　物事が人間の感覚で直接とらえられる形や内容を備えていること，という意味のAの対義語は，事物などからある要素・側面・性質をぬきだして把握すること，という意味の「抽象(ちゅうしょう)」。広く全体に共通して認められ，成り立っていること，という意味のBの対義語は，性質や内容などが普通のものと著しく異なること，という意味の「特殊(とくしゅ)」。

基本　問三　A＝穏便，①穏健②隠密③温順④恩義⑤音節。B＝哀惜，①遺跡②戸籍③責任④山積⑤惜敗。C＝疲労，①廊下②浪人③労働④遺漏⑤老婆心。D＝廃棄，①祝杯②排出③拝借④配布⑤荒廃。E＝抜粋，①完遂②盛衰③陶酔④自炊⑤純粋。

問四　敬語は，主語が目上の人の場合は尊敬語，主語が自分や自分の家族の場合は謙譲語，主語にかかわらず丁寧に言う場合は丁寧語になる。①の主語は「先生」なので，「お尋ねします」は正しくは尊敬語で「お尋ねなさいます」「尋ねられます」である。②の主語は「母」なので，「いらっしゃいます」は正しくは謙譲語で「うかがいます」である。③の主語は「わたし」で，謙譲語を用いているので適切。④の主語は「先生」なので，「参ります」は正しくは尊敬語で「いらっしゃいます」である。⑤の主語は「わたし」なので，「お行きになります」は正しくは謙譲語で「うかがいます」である。

問五　①の『三四郎』の作者は夏目漱石。

問六　Aの④は正しくは「厚顔無恥」。Bの③は正しくは「喜色満面」。

やや難　問七　Aの意味は⑤で，親切にするのはその人のためにならない，という意味は誤り。Bの「君子」は，立派な人，すぐれた人物という意味，「和して同ぜず」は協調するがむやみに同調しない，という意味。後に「小人は同じて和せず」(＝つまらない人物はすぐに同調するが，表面的なものなので，心から親しくなることはないということ)と続く。

重要　問八　傍線部と②は「ぬ」に置き換えることができるので，打消の助動詞。①は形容詞「せつない」の一部。③も形容詞「もったいない」の一部。④は直前に「は・も」を入れることができるので，補助形容詞。⑤は形容詞「ない」。

問九　動詞の活用の種類は，未然形(「～ない」の形)にして「ない」の直前の音が「あ段」なら「五段活用」，「い段」なら「上一段活用」，「え段」なら「下一段活用」と判断する。「カ行変格活用」は「来る」のみ，「サ行変格活用」は「する」のみである。Aの「来る」は，カ行変格活用。Bの「着て」は「着る」の連用形で，未然形「着ない」の「着(き)」は「い段」なので，上一段活用。

二 (論説文ー大意・要旨，内容吟味，文脈把握，脱文・脱語補充，ことわざ)

問一　傍線部Aのある段落で，Aによって，「その言語の中に潜在しながらまだ誰も見たことのない姿を引き出して見せることの方が重要だろう」と述べているので，「言語の新たな表現を見つけるため」とある③が適切。

重要　問二　空欄B は直後で「外」に出る方法，と言い換えているので「外部」が入る。空欄Dは，日本社会の「国内」のことなので「内部」が入る。空欄Fは「権威が自分たちではなく」「『Fの上の方』にある」ことであり,「その権威は日本で抽象化された『西洋人』の偶像であ」ることを述べているので,「外部」が入る。空欄Gは,家元制度という組織の中の師匠のことなので,「内部」が入る。

問三　傍線部Cのある段落でCの説明として,外国語である日本語で芸術表現している外国人に対して,日本語をほめることは,ひまわりの絵が代表作であるゴッホに,ひまわりの描き方をほめるようなもので,創作者が外国人だと「上手」「下手」という基準で見てしまうことを述べているので,②があてはまる。Cのある段落内容の要旨を説明していない他の選択肢はあてはまらない。

問四　傍線部E前後で,日本国内でEの演出に外国語が使われており,外国語を習ったり留学したりすることは,普通の人と差をつけて,階級を上へ這い上がるという象徴的な意味を持っていることを述べているので,①が適当。「(日本) 国内」＝「同じ価値観」の中で,外国語によって普通の人より上にいる＝選ばれた存在である,ということを説明していない他の選択肢は不適当。

問五　傍線部H前で,西洋の言語を誰が上手で誰が下手かを決定するのは自分たちではなく,日本で抽象化された「西洋人」の偶像であり,その権威が,自分の言葉が「上手」かどうかを決めてくれる,という発想を日本人が持っていることを述べているので,②が適当。自分たちの評価を決定する権威としての「西洋人」が必要であるため,Hのように述べているので,「権威」を説明していない他の選択肢は不適当。

重要　問六　空欄I前で,若い日本人女性がフランス語教師であるアフリカ人を見て驚いて逃げて行ったのは,ヨーロッパ人は日本やアフリカなどアジアの人間を勝手に野蛮人と見なしているが,フランス語を習うことで野蛮人ではないことを再確認したい,と無意識に思っているのに,フランス語の教師がアフリカ人だったため,あわてて逃げていったのだろう,ということを述べている。このことは,ヨーロッパ人がアジアの人間を野蛮人と見なしていることを,日本人女性もそのまま同じように受け入れている,ということなので,④が適当。アジアの人間は野蛮であるというヨーロッパ人の考えを,日本人女性が受け入れていることを説明していない他の選択肢は不適当。

問七　傍線部Jは,「革靴」＝フランス人などヨーロッパ人のもの,「足袋」＝日本人のもの,にたとえて,どちらもそれぞれの歴史の中で生まれた文化であり,それぞれの文明として同じ価値がある,ということなので,③が適当。「革靴」も「足袋」も同じ文化であることを説明していない①,④は不適当。②の「先進国である証明」も不適当。

基本　問八　傍線部Kの意味である④は,濡れた手で粟(イネ科の植物)をつかむと,たくさんの粟粒がくっついてくることから。①は,果報＝幸運は人間の力ではどうすることもできないから,焦らないで待てばいつか必ずやって来る,という意味。②は,盗みなど不正な手段で得た金は,浪費してすぐになくなってしまう,という意味。③は,好都合な状況や時期をすばやくつかんで的確に行動するさま。

問九　傍線部Lは,ヨーロッパ文明を消費者の文明としてのみ捉え,歴史など経済的な側面以外のことには注意を向けず,いいかげんにあつかってきた,ということなので,②が適当。「ヨーロッパ文明を消費者の文明としてのみ捉え」ることを説明していない他の選択肢は不適当。

やや難　問十　「日本人が外国語と……」で始まる段落で,多様性があると「西洋」が差別の機械として機能しないので,生身の西洋人は無視し,「西洋人」像を保持する状況が,日本にあったと述べているので,①はあてはまる。②は問一でも考察したように,「多くの人が西洋人に持つ偏見を取り払うため」は,あてはまらない。③の「外国語の習得に興味がなくなった」とは述べていないので,あてはまらない。「一九八〇年代には,ヨーロッパで高級品を買い漁ったり」することを

「日本人自身が変に強調したがったのは，それで潜在的劣等感の巻き起こすストレスが解消されたからだろう」と述べているので，④もあてはまらない。

三 （古文ー内容吟味，文脈把握，脱語補充，口語訳，文学史）

〈口語訳〉 今となっては昔のことだが，丹後の国に年老いた尼がいた。(尼は)お地蔵さまは夜明け方お歩きになることを小耳にはさんで，夜明けごとに，地蔵を拝み申したいと思って，あたり一帯をあてもなく歩き回っていたが，博打で打ちほうけている者が(歩き回る尼の姿を)見て，「尼君は，寒いのに何をしていらっしゃるのか」と言うと，(尼は)「お地蔵さまが夜明けにお歩きになるので，お会い申し上げたいと思い，このように歩いているのです」と言うと，(博打が)「地蔵がお歩きになっている道を私は知っていますので，さあ一緒にいらっしゃい，会わせ申し上げましょう」と言うので，(尼は)「まあ，うれしいこと。お地蔵さまがお歩きになる所へ，私を連れて行ってください」と言うと，(博打は)「私に(何かお礼の)物をお与えください。(そうすれば)ただちにお連れ申し上げましょう」と言ったので，(尼は)「この着ている着物を差し上げましょう。」と言うと，(博打は)「さあ参りましょう」と言って隣の家へ(尼を)連れて行く。

尼は喜んで急いでついて行くと，(行く先の)そこの子にじぞうという(名前の)子どもがいたが，(博打は)その親と親しかったので，「じぞうは(いますか)」と尋ねたところ，(その)親は「遊びに行っています。もうすぐ帰るだろう。」と言ったので，

(博打が)「ほら，ここですよ，じぞうのいらっしゃる所は」と言うと，尼は，嬉しくて紬の着物を脱いで与えると，博打は急いで受け取って立ち去ってしまった。

尼は「地蔵を見申し上げたい」と(その場に)留まっていたので，親たちは納得がいかず，「どうしてこの子どもを見ようと思うのだろう」と思ううちに，十歳ぐらいの子どもが帰って来たのを(見て親が)「ほら，じぞうだよ」と言うと，尼は，それを見るやもう夢中になって転げるように伏して拝み，地面に身を伏せた。子どもは，木の細枝を持って遊びながら帰って来たが，その枝で手遊びに額をかいたところ，額から顔の上のあたりまで裂けてしまった。(すると)裂けた中からなんとも言いようがないほど立派な地蔵のお顔がお見えになる。尼が拝み込んで(地蔵を)見上げると，(地蔵が)このようにしてお立ちになっているので，(尼は)涙を流して拝み申し上げて，そのまま極楽往生を遂げた。

このようなことがあるから心に深く念じていれば，仏も顔を見せてくださったと信じるがよい。

問一　傍線部Aの「ほのかに」は，音や形などがかすかに聞こえたり，見えたりするさま，という意味なので，ちらりと聞く，ちょっと耳にする，という意味の③が適当。

問二　傍線部Bの「ひと世界」は，あたり一帯，という意味なので，①が適当。

重要　問三　傍線部Cの「何わざ」は，どんなこと，何，という意味，「し」は，動詞「す」の連用形で，する，という意味なので，③が適当。

問四　空欄Dのある老尼の言葉を受けて，博打は「地蔵の……あはせ参らせん」と話しているので，空欄Dには「会ふ」の連用形である①が適当。

問五　傍線部Eの「それが」の「それ」は，「童」，「が」は所有を表す格助詞で，「その子の親」という意味。Eを理由として，直後で「博打」が「童」の親に「ぢざう」のことを尋ねているので，②が適当。

問六　傍線部Fの「来なん」の「な」は強意の助動詞，「ん(む)」は推量の助動詞で，「来るだろう」という意味になり，ここでは家にいる親が自分の子どものことを言っているので，④が適当。

重要　問七　傍線部Gは「博打」が，尼を案内してGのように話している。傍線部Iは「親」が，自分の子で「ぢざう」という名の童が帰ってきたことを，尼にIのように話しかけている。

やや難　問八　老尼は，夜明け方にお歩きになる地蔵に会いたくて歩き回っていたが，博打は老尼の着てい

る着物をお礼にもらうことで，「地蔵菩薩の歩かせたまふ道は我こそ知りたれば，いざたまへ，あはせ参らせん」と言って，「ぢざう」という名の子どもがいる隣の家に老尼を連れて行った。本物の地蔵菩薩ではなく，名前が「ぢざう」という子どもであることがばれないうちに，お礼の着物を受け取ってHのようにしているので，②が適当。

問九　傍線部Jは，裂けた童の額の中から顔を出した「地蔵」が，このようにしてお立ちになっているので，ということ。

基本　問十　『宇治拾遺物語』『平家物語』と③は，鎌倉時代に成立。他の成立時代は，①は平安時代，②は奈良時代，④は江戸時代。

★ワンポイントアドバイス★

古文では，説話集や物語などジャンルによって特徴があるので，出典がどのようなジャンルであるかを確認しよう。

MEMO

大切なことはメモしておこうネ！

解答用紙集

○月×日 △曜日　天気（合格日和）

◆ご利用のみなさまへ

＊解答用紙の公表を行っていない学校につきましては、弊社の責任において、解答用紙を制作いたしました。

＊編集上の理由により一部縮小掲載した解答用紙がございます。

＊編集上の理由により一部実物と異なる形式の解答用紙がございます。

人間の最も偉大な力とは、その一番の弱点を克服したところから生まれてくるものである。 ――カール・ヒルティ――

東京学参株式会社

横浜商科大学高等学校　2024年度

◇数学◇

※ 119％に拡大していただくと，解答欄は実物大になります。

解答番号	解答欄						解答番号	解答欄					
1	①	②	③	④	⑤	⑥	11	①	②	③	④	⑤	⑥
2	①	②	③	④	⑤	⑥	12	①	②	③	④	⑤	⑥
3	①	②	③	④	⑤	⑥	13	①	②	③	④	⑤	⑥
4	①	②	③	④	⑤	⑥	14	①	②	③	④	⑤	⑥
5	①	②	③	④	⑤	⑥	15	①	②	③	④	⑤	⑥
6	①	②	③	④	⑤	⑥	16	①	②	③	④	⑤	⑥
7	①	②	③	④	⑤	⑥	17	①	②	③	④	⑤	⑥
8	①	②	③	④	⑤	⑥	18	①	②	③	④	⑤	⑥
9	①	②	③	④	⑤	⑥	19	①	②	③	④	⑤	⑥
10	①	②	③	④	⑤	⑥	20	①	②	③	④	⑤	⑥

横浜商科大学高等学校　2024年度　◇英語◇

※ 119%に拡大していただくと，解答欄は実物大になります。

解答番号	解答欄	解答番号	解答欄
1	① ② ③ ④ ⑤	21	① ② ③ ④ ⑤
2	① ② ③ ④ ⑤	22	① ② ③ ④ ⑤
3	① ② ③ ④ ⑤	23	① ② ③ ④ ⑤
4	① ② ③ ④ ⑤	24	① ② ③ ④ ⑤
5	① ② ③ ④ ⑤	25	① ② ③ ④ ⑤
6	① ② ③ ④ ⑤	26	① ② ③ ④ ⑤
7	① ② ③ ④ ⑤	27	① ② ③ ④ ⑤
8	① ② ③ ④ ⑤	28	① ② ③ ④ ⑤
9	① ② ③ ④ ⑤	29	① ② ③ ④ ⑤
10	① ② ③ ④ ⑤	30	① ② ③ ④ ⑤
11	① ② ③ ④ ⑤	31	① ② ③ ④ ⑤
12	① ② ③ ④ ⑤	32	① ② ③ ④ ⑤
13	① ② ③ ④ ⑤	33	① ② ③ ④ ⑤
14	① ② ③ ④ ⑤	34	① ② ③ ④ ⑤
15	① ② ③ ④ ⑤	35	① ② ③ ④ ⑤
16	① ② ③ ④ ⑤	36	① ② ③ ④ ⑤
17	① ② ③ ④ ⑤	37	① ② ③ ④ ⑤
18	① ② ③ ④ ⑤	38	① ② ③ ④ ⑤
19	① ② ③ ④ ⑤	39	① ② ③ ④ ⑤
20	① ② ③ ④ ⑤	40	① ② ③ ④ ⑤

横浜商科大学高等学校　2024年度　◇国語◇

※ 119%に拡大していただくと，解答欄は実物大になります。

解答番号	解答欄	解答番号	解答欄
1	① ② ③ ④ ⑤	21	① ② ③ ④ ⑤
2	① ② ③ ④ ⑤	22	① ② ③ ④ ⑤
3	① ② ③ ④ ⑤	23	① ② ③ ④ ⑤
4	① ② ③ ④ ⑤	24	① ② ③ ④ ⑤
5	① ② ③ ④ ⑤	25	① ② ③ ④ ⑤
6	① ② ③ ④ ⑤	26	① ② ③ ④ ⑤
7	① ② ③ ④ ⑤	27	① ② ③ ④ ⑤
8	① ② ③ ④ ⑤	28	① ② ③ ④ ⑤
9	① ② ③ ④ ⑤	29	① ② ③ ④ ⑤
10	① ② ③ ④ ⑤	30	① ② ③ ④ ⑤
11	① ② ③ ④ ⑤	31	① ② ③ ④ ⑤
12	① ② ③ ④ ⑤	32	① ② ③ ④ ⑤
13	① ② ③ ④ ⑤	33	① ② ③ ④ ⑤
14	① ② ③ ④ ⑤	34	① ② ③ ④ ⑤
15	① ② ③ ④ ⑤	35	① ② ③ ④ ⑤
16	① ② ③ ④ ⑤	36	① ② ③ ④ ⑤
17	① ② ③ ④ ⑤	37	① ② ③ ④ ⑤
18	① ② ③ ④ ⑤	38	① ② ③ ④ ⑤
19	① ② ③ ④ ⑤	39	① ② ③ ④ ⑤
20	① ② ③ ④ ⑤	40	① ② ③ ④ ⑤

横浜商科大学高等学校　2023年度

◇数学◇

※ 119%に拡大していただくと，解答欄は実物大になります。

解答番号	解　答　欄	解答番号	解　答　欄
1	① ② ③ ④ ⑤ ⑥	11	① ② ③ ④ ⑤ ⑥
2	① ② ③ ④ ⑤ ⑥	12	① ② ③ ④ ⑤ ⑥
3	① ② ③ ④ ⑤ ⑥	13	① ② ③ ④ ⑤ ⑥
4	① ② ③ ④ ⑤ ⑥	14	① ② ③ ④ ⑤ ⑥
5	① ② ③ ④ ⑤ ⑥	15	① ② ③ ④ ⑤ ⑥
6	① ② ③ ④ ⑤ ⑥	16	① ② ③ ④ ⑤ ⑥
7	① ② ③ ④ ⑤ ⑥	17	① ② ③ ④ ⑤ ⑥
8	① ② ③ ④ ⑤ ⑥	18	① ② ③ ④ ⑤ ⑥
9	① ② ③ ④ ⑤ ⑥	19	① ② ③ ④ ⑤ ⑥
10	① ② ③ ④ ⑤ ⑥	20	① ② ③ ④ ⑤ ⑥

横浜商科大学高等学校　2023年度　◇英語◇

※ 119%に拡大していただくと，解答欄は実物大になります。

解答番号	解答欄	解答番号	解答欄
1	①　②　③　④　⑤	21	①　②　③　④　⑤
2	①　②　③　④　⑤	22	①　②　③　④　⑤
3	①　②　③　④　⑤	23	①　②　③　④　⑤
4	①　②　③　④　⑤	24	①　②　③　④　⑤
5	①　②　③　④　⑤	25	①　②　③　④　⑤
6	①　②　③　④　⑤	26	①　②　③　④　⑤
7	①　②　③　④　⑤	27	①　②　③　④　⑤
8	①　②　③　④　⑤	28	①　②　③　④　⑤
9	①　②　③　④　⑤	29	①　②　③　④　⑤
10	①　②　③　④　⑤	30	①　②　③　④　⑤
11	①　②　③　④　⑤	31	①　②　③　④　⑤
12	①　②　③　④　⑤	32	①　②　③　④　⑤
13	①　②　③　④　⑤	33	①　②　③　④　⑤
14	①　②　③　④　⑤	34	①　②　③　④　⑤
15	①　②　③　④　⑤	35	①　②　③　④　⑤
16	①　②　③　④　⑤	36	①　②　③　④　⑤
17	①　②　③　④　⑤	37	①　②　③　④　⑤
18	①　②　③　④　⑤	38	①　②　③　④　⑤
19	①　②　③　④　⑤	39	①　②　③　④　⑤
20	①　②　③　④　⑤	40	①　②　③　④　⑤

横浜商科大学高等学校　2023年度　◇国語◇

※ 119%に拡大していただくと，解答欄は実物大になります。

解答番号	解　答　欄	解答番号	解　答　欄
1	①　②　③　④　⑤	21	①　②　③　④　⑤
2	①　②　③　④　⑤	22	①　②　③　④　⑤
3	①　②　③　④　⑤	23	①　②　③　④　⑤
4	①　②　③　④　⑤	24	①　②　③　④　⑤
5	①　②　③　④　⑤	25	①　②　③　④　⑤
6	①　②　③　④　⑤	26	①　②　③　④　⑤
7	①　②　③　④　⑤	27	①　②　③　④　⑤
8	①　②　③　④　⑤	28	①　②　③　④　⑤
9	①　②　③　④　⑤	29	①　②　③　④　⑤
10	①　②　③　④　⑤	30	①　②　③　④　⑤
11	①　②　③　④　⑤	31	①　②　③　④　⑤
12	①　②　③　④　⑤	32	①　②　③　④　⑤
13	①　②　③　④　⑤	33	①　②　③　④　⑤
14	①　②　③　④　⑤	34	①　②　③　④　⑤
15	①　②　③　④　⑤	35	①　②　③　④　⑤
16	①　②　③　④　⑤	36	①　②　③　④　⑤
17	①　②　③　④　⑤	37	①　②　③　④　⑤
18	①　②　③　④　⑤	38	①　②　③　④　⑤
19	①　②　③　④　⑤	39	①　②　③　④　⑤
20	①　②　③　④　⑤	40	①　②　③　④　⑤

横浜商科大学高等学校　　2022年度

◇数学◇

※ 119%に拡大していただくと，解答欄は実物大になります。

解答番号	解答欄						解答番号	解答欄					
1	①	②	③	④	⑤	⑥	11	①	②	③	④	⑤	⑥
2	①	②	③	④	⑤	⑥	12	①	②	③	④	⑤	⑥
3	①	②	③	④	⑤	⑥	13	①	②	③	④	⑤	⑥
4	①	②	③	④	⑤	⑥	14	①	②	③	④	⑤	⑥
5	①	②	③	④	⑤	⑥	15	①	②	③	④	⑤	⑥
6	①	②	③	④	⑤	⑥	16	①	②	③	④	⑤	⑥
7	①	②	③	④	⑤	⑥	17	①	②	③	④	⑤	⑥
8	①	②	③	④	⑤	⑥	18	①	②	③	④	⑤	⑥
9	①	②	③	④	⑤	⑥	19	①	②	③	④	⑤	⑥
10	①	②	③	④	⑤	⑥	20	①	②	③	④	⑤	⑥

横浜商科大学高等学校　　2022年度

◇英語◇

※ 119%に拡大していただくと，解答欄は実物大になります。

解答番号	解答欄					解答番号	解答欄				
1	①	②	③	④	⑤	21	①	②	③	④	⑤
2	①	②	③	④	⑤	22	①	②	③	④	⑤
3	①	②	③	④	⑤	23	①	②	③	④	⑤
4	①	②	③	④	⑤	24	①	②	③	④	⑤
5	①	②	③	④	⑤	25	①	②	③	④	⑤
6	①	②	③	④	⑤	26	①	②	③	④	⑤
7	①	②	③	④	⑤	27	①	②	③	④	⑤
8	①	②	③	④	⑤	28	①	②	③	④	⑤
9	①	②	③	④	⑤	29	①	②	③	④	⑤
10	①	②	③	④	⑤	30	①	②	③	④	⑤
11	①	②	③	④	⑤	31	①	②	③	④	⑤
12	①	②	③	④	⑤	32	①	②	③	④	⑤
13	①	②	③	④	⑤	33	①	②	③	④	⑤
14	①	②	③	④	⑤	34	①	②	③	④	⑤
15	①	②	③	④	⑤	35	①	②	③	④	⑤
16	①	②	③	④	⑤	36	①	②	③	④	⑤
17	①	②	③	④	⑤	37	①	②	③	④	⑤
18	①	②	③	④	⑤	38	①	②	③	④	⑤
19	①	②	③	④	⑤	39	①	②	③	④	⑤
20	①	②	③	④	⑤	40	①	②	③	④	⑤

横浜商科大学高等学校　2022年度　　◇国語◇

※ 119％に拡大していただくと，解答欄は実物大になります。

解答番号	解答欄	解答番号	解答欄
1	① ② ③ ④ ⑤	21	① ② ③ ④ ⑤
2	① ② ③ ④ ⑤	22	① ② ③ ④ ⑤
3	① ② ③ ④ ⑤	23	① ② ③ ④ ⑤
4	① ② ③ ④ ⑤	24	① ② ③ ④ ⑤
5	① ② ③ ④ ⑤	25	① ② ③ ④ ⑤
6	① ② ③ ④ ⑤	26	① ② ③ ④ ⑤
7	① ② ③ ④ ⑤	27	① ② ③ ④ ⑤
8	① ② ③ ④ ⑤	28	① ② ③ ④ ⑤
9	① ② ③ ④ ⑤	29	① ② ③ ④ ⑤
10	① ② ③ ④ ⑤	30	① ② ③ ④ ⑤
11	① ② ③ ④ ⑤	31	① ② ③ ④ ⑤
12	① ② ③ ④ ⑤	32	① ② ③ ④ ⑤
13	① ② ③ ④ ⑤	33	① ② ③ ④ ⑤
14	① ② ③ ④ ⑤	34	① ② ③ ④ ⑤
15	① ② ③ ④ ⑤	35	① ② ③ ④ ⑤
16	① ② ③ ④ ⑤	36	① ② ③ ④ ⑤
17	① ② ③ ④ ⑤	37	① ② ③ ④ ⑤
18	① ② ③ ④ ⑤	38	① ② ③ ④ ⑤
19	① ② ③ ④ ⑤	39	① ② ③ ④ ⑤
20	① ② ③ ④ ⑤	40	① ② ③ ④ ⑤

横浜商科大学高等学校　2021年度　　◇数学◇

※116％に拡大していただくと，解答欄は実物大になります。

解答番号	解　答　欄						解答番号	解　答　欄					
1	①	②	③	④	⑤	⑥	11	①	②	③	④	⑤	⑥
2	①	②	③	④	⑤	⑥	12	①	②	③	④	⑤	⑥
3	①	②	③	④	⑤	⑥	13	①	②	③	④	⑤	⑥
4	①	②	③	④	⑤	⑥	14	①	②	③	④	⑤	⑥
5	①	②	③	④	⑤	⑥	15	①	②	③	④	⑤	⑥
6	①	②	③	④	⑤	⑥	16	①	②	③	④	⑤	⑥
7	①	②	③	④	⑤	⑥	17	①	②	③	④	⑤	⑥
8	①	②	③	④	⑤	⑥	18	①	②	③	④	⑤	⑥
9	①	②	③	④	⑤	⑥	19	①	②	③	④	⑤	⑥
10	①	②	③	④	⑤	⑥	20	①	②	③	④	⑤	⑥

横浜商科大学高等学校　　2021年度

◇英語◇

※116%に拡大していただくと，解答欄は実物大になります。

解答番号	解答欄	解答番号	解答欄
1	① ② ③ ④ ⑤	21	① ② ③ ④ ⑤
2	① ② ③ ④ ⑤	22	① ② ③ ④ ⑤
3	① ② ③ ④ ⑤	23	① ② ③ ④ ⑤
4	① ② ③ ④ ⑤	24	① ② ③ ④ ⑤
5	① ② ③ ④ ⑤	25	① ② ③ ④ ⑤
6	① ② ③ ④ ⑤	26	① ② ③ ④ ⑤
7	① ② ③ ④ ⑤	27	① ② ③ ④ ⑤
8	① ② ③ ④ ⑤	28	① ② ③ ④ ⑤
9	① ② ③ ④ ⑤	29	① ② ③ ④ ⑤
10	① ② ③ ④ ⑤	30	① ② ③ ④ ⑤
11	① ② ③ ④ ⑤	31	① ② ③ ④ ⑤
12	① ② ③ ④ ⑤	32	① ② ③ ④ ⑤
13	① ② ③ ④ ⑤	33	① ② ③ ④ ⑤
14	① ② ③ ④ ⑤	34	① ② ③ ④ ⑤
15	① ② ③ ④ ⑤	35	① ② ③ ④ ⑤
16	① ② ③ ④ ⑤	36	① ② ③ ④ ⑤
17	① ② ③ ④ ⑤	37	① ② ③ ④ ⑤
18	① ② ③ ④ ⑤	38	① ② ③ ④ ⑤
19	① ② ③ ④ ⑤	39	① ② ③ ④ ⑤
20	① ② ③ ④ ⑤	40	① ② ③ ④ ⑤

横浜商科大学高等学校　2021年度　　◇国語◇

※116％に拡大していただくと，解答欄は実物大になります。

解答番号	解答欄	解答番号	解答欄
1	① ② ③ ④ ⑤	21	① ② ③ ④ ⑤
2	① ② ③ ④ ⑤	22	① ② ③ ④ ⑤
3	① ② ③ ④ ⑤	23	① ② ③ ④ ⑤
4	① ② ③ ④ ⑤	24	① ② ③ ④ ⑤
5	① ② ③ ④ ⑤	25	① ② ③ ④ ⑤
6	① ② ③ ④ ⑤	26	① ② ③ ④ ⑤
7	① ② ③ ④ ⑤	27	① ② ③ ④ ⑤
8	① ② ③ ④ ⑤	28	① ② ③ ④ ⑤
9	① ② ③ ④ ⑤	29	① ② ③ ④ ⑤
10	① ② ③ ④ ⑤	30	① ② ③ ④ ⑤
11	① ② ③ ④ ⑤	31	① ② ③ ④ ⑤
12	① ② ③ ④ ⑤	32	① ② ③ ④ ⑤
13	① ② ③ ④ ⑤	33	① ② ③ ④ ⑤
14	① ② ③ ④ ⑤	34	① ② ③ ④ ⑤
15	① ② ③ ④ ⑤	35	① ② ③ ④ ⑤
16	① ② ③ ④ ⑤	36	① ② ③ ④ ⑤
17	① ② ③ ④ ⑤	37	① ② ③ ④ ⑤
18	① ② ③ ④ ⑤	38	① ② ③ ④ ⑤
19	① ② ③ ④ ⑤	39	① ② ③ ④ ⑤
20	① ② ③ ④ ⑤	40	① ② ③ ④ ⑤

横浜商科大学高等学校　2020年度　　◇数学◇

※117％に拡大していただくと，解答欄は実物大になります。

解答番号	解答欄	解答番号	解答欄
1	① ② ③ ④ ⑤ ⑥	21	① ② ③ ④ ⑤ ⑥
2	① ② ③ ④ ⑤ ⑥	22	① ② ③ ④ ⑤ ⑥
3	① ② ③ ④ ⑤ ⑥	23	① ② ③ ④ ⑤ ⑥
4	① ② ③ ④ ⑤ ⑥	24	① ② ③ ④ ⑤ ⑥
5	① ② ③ ④ ⑤ ⑥	25	① ② ③ ④ ⑤ ⑥
6	① ② ③ ④ ⑤ ⑥	26	① ② ③ ④ ⑤ ⑥
7	① ② ③ ④ ⑤ ⑥	27	① ② ③ ④ ⑤ ⑥
8	① ② ③ ④ ⑤ ⑥	28	① ② ③ ④ ⑤ ⑥
9	① ② ③ ④ ⑤ ⑥	29	① ② ③ ④ ⑤ ⑥
10	① ② ③ ④ ⑤ ⑥	30	① ② ③ ④ ⑤ ⑥
11	① ② ③ ④ ⑤ ⑥	31	① ② ③ ④ ⑤ ⑥
12	① ② ③ ④ ⑤ ⑥	32	① ② ③ ④ ⑤ ⑥
13	① ② ③ ④ ⑤ ⑥	33	① ② ③ ④ ⑤ ⑥
14	① ② ③ ④ ⑤ ⑥	34	① ② ③ ④ ⑤ ⑥
15	① ② ③ ④ ⑤ ⑥	35	① ② ③ ④ ⑤ ⑥
16	① ② ③ ④ ⑤ ⑥	36	① ② ③ ④ ⑤ ⑥
17	① ② ③ ④ ⑤ ⑥	37	① ② ③ ④ ⑤ ⑥
18	① ② ③ ④ ⑤ ⑥	38	① ② ③ ④ ⑤ ⑥
19	① ② ③ ④ ⑤ ⑥	39	① ② ③ ④ ⑤ ⑥
20	① ② ③ ④ ⑤ ⑥	40	① ② ③ ④ ⑤ ⑥

横浜商科大学高等学校　2020年度　　◇英語◇

※117％に拡大していただくと，解答欄は実物大になります。

解答番号	解答欄	解答番号	解答欄
1	① ② ③ ④ ⑤	21	① ② ③ ④ ⑤
2	① ② ③ ④ ⑤	22	① ② ③ ④ ⑤
3	① ② ③ ④ ⑤	23	① ② ③ ④ ⑤
4	① ② ③ ④ ⑤	24	① ② ③ ④ ⑤
5	① ② ③ ④ ⑤	25	① ② ③ ④ ⑤
6	① ② ③ ④ ⑤	26	① ② ③ ④ ⑤
7	① ② ③ ④ ⑤	27	① ② ③ ④ ⑤
8	① ② ③ ④ ⑤	28	① ② ③ ④ ⑤
9	① ② ③ ④ ⑤	29	① ② ③ ④ ⑤
10	① ② ③ ④ ⑤	30	① ② ③ ④ ⑤
11	① ② ③ ④ ⑤	31	① ② ③ ④ ⑤
12	① ② ③ ④ ⑤	32	① ② ③ ④ ⑤
13	① ② ③ ④ ⑤	33	① ② ③ ④ ⑤
14	① ② ③ ④ ⑤	34	① ② ③ ④ ⑤
15	① ② ③ ④ ⑤	35	① ② ③ ④ ⑤
16	① ② ③ ④ ⑤	36	① ② ③ ④ ⑤
17	① ② ③ ④ ⑤	37	① ② ③ ④ ⑤
18	① ② ③ ④ ⑤	38	① ② ③ ④ ⑤
19	① ② ③ ④ ⑤	39	① ② ③ ④ ⑤
20	① ② ③ ④ ⑤	40	① ② ③ ④ ⑤

横浜商科大学高等学校　2020年度

◇国語◇

※117％に拡大していただくと，解答欄は実物大になります。

解答番号	解答欄	解答番号	解答欄
1	①　②　③　④　⑤	21	①　②　③　④　⑤
2	①　②　③　④　⑤	22	①　②　③　④　⑤
3	①　②　③　④　⑤	23	①　②　③　④　⑤
4	①　②　③　④　⑤	24	①　②　③　④　⑤
5	①　②　③　④　⑤	25	①　②　③　④　⑤
6	①　②　③　④　⑤	26	①　②　③　④　⑤
7	①　②　③　④　⑤	27	①　②　③　④　⑤
8	①　②　③　④　⑤	28	①　②　③　④　⑤
9	①　②　③　④　⑤	29	①　②　③　④　⑤
10	①　②　③　④　⑤	30	①　②　③　④　⑤
11	①　②　③　④　⑤	31	①　②　③　④　⑤
12	①　②　③　④　⑤	32	①　②　③　④　⑤
13	①　②　③　④　⑤	33	①　②　③　④　⑤
14	①　②　③　④　⑤	34	①　②　③　④　⑤
15	①　②　③　④　⑤	35	①　②　③　④　⑤
16	①　②　③　④　⑤	36	①　②　③　④　⑤
17	①　②　③　④　⑤	37	①　②　③　④　⑤
18	①　②　③　④　⑤	38	①　②　③　④　⑤
19	①　②　③　④　⑤	39	①　②　③　④　⑤
20	①　②　③　④　⑤	40	①　②　③　④　⑤

〈ダウンロードコンテンツについて〉

本問題集のダウンロードコンテンツ、弊社ホームページで配信しております。現在ご利用いただけるのは「2025年度受験用」に対応したもので、**2025年3月末日**までダウンロード可能です。弊社ホームページにアクセスの上、ご利用ください。
※配信期間が終了いたしますと、ご利用いただけませんのでご了承ください。

高校別入試過去問題シリーズ
横浜商科大学高等学校　2025年度
ISBN978-4-8141-2965-2

[発行所] 東京学参株式会社
〒153-0043　東京都目黒区東山2-6-4

書籍の内容についてのお問い合わせは右のQRコードから ⇒

※書籍の内容についてのお電話でのお問い合わせ、本書の内容を超えたご質問には対応できませんのでご了承ください。

2024年7月11日　初版